Brückner — Heidemarie 1985

Deutsch – Ihre neue Sprache

Grundbuch

von H. J. Demetz / J. M. Puente

Für das Zustandekommen des vorliegenden Lehrprogramms war die Mitarbeit von Herrn Italo Nadalin, Frau Anni Puente und Frau Alix Richter von großer Bedeutung.

Unser besonderer Dank für viele wertvolle Hinweise und Anregungen gilt den Herren Ludwig Franke, Wiesbaden, Manfred Glück, München, Per Olof Mascher, Berlin und Sener Sargut, Frankfurt.

Die Autoren

Die im Lehrbuch mit Ziffern versehenen Abbildungen beziehen sich auf die Reihenfolge der zu diesem Lehrprogramm gehörenden Dia-Serie (Bestell-Nr. 0340).

ISBN 3 8068 0327 7

© 1973 by Falken-Verlag GmbH, 6272 Niedernhausen/Ts.
Zeichnungen: Schulze-Reichenberg
Umschlaggestaltung: W. Clormann
Gesamtherstellung: H. G. Gachet & Co., 6070 Langen Bez. Frankfurt am Main

Vorwort

„Deutsch – Ihre neue Sprache" ist ein Buch, das Ihnen helfen soll, die deutsche Sprache so zu lernen, wie sie im täglichen Leben gesprochen wird. Damit können Sie die Situationen, mit denen Sie während Ihres Aufenthaltes in der Bundesrepublik Deutschland konfrontiert sind, sprachlich meistern.
Gleichzeitig informiert Sie das Buch über den Alltag und das Arbeitsleben in diesem Land.
„Deutsch – Ihre neue Sprache" erleichtert Ihnen das Lernen durch die Anwendung einer Methode, die besonders für Ausländer entwickelt wurde, die hier leben.

«Tedesco – la Loro nuova lingua» è un libro che ha lo scopo di aiutarLi ad imparare la lingua tedesca nel suo uso corrente, in maniera da metterLi in grado di disimpegnarsi linguisticamente nelle situazioni cui devono, eventualmente, far fronte durante il Loro soggiorno nella Repubblica Federale di Germania.
Nello stesso tempo, questo libro Li informa e Li mette in contatto con la vita quotidiana e col mondo del lavoro di questo paese. «Tedesco – la Loro nuova lingua» facilita Loro l'apprendimento grazie ad un nuovo metodo messo appunto proprio per gli stranieri residenti in Germania.

«Alemán – su nuevo idioma» es un libro que les ayudará a aprender el idioma alemán tal como se habla en la vida diaria. Con él podrán desenvolverse idiomáticamente en las situaciones con que se ven confrontados durante su residencia en la República Federal de Alemania.
Al mismo tiempo el libro les informa sobre la vida de todos los días y sobre el mundo laboral en este país.
«Alemán – su nuevo idioma» les facilita el aprendizaje del alemán mediante la aplicación de un método que ha sido especialmente desarrollado para los extranjeros que residen en Alemania.

«Njemački – Vaš novi jezik» je knjiga, koja treba da Vam pomogne da tako naučite njemački jezik, kako se on govori u svakidašnjem životu. Na taj način možete jezički da ovladate svim situacijama sa kojima budete konfrontirani za vreme Vašeg boravka u Saveznoj Republici Njemačkoj. Istovremeno Vas knjiga informiše o svakidašnjici i radnom životu u ovoj zemlji.
«Njemački – Vaš novi jezik» olakšava Vam učenje primenjujući jednu metodu koja je specijalno stvarana i usavršavana za strance, koji ovde, u Njemačkoj žive.

«Almanca – Yeni diliniz» size, Almanca dilini günlük hayatta konuşulduğu gibi öğrenmenizde yardımcı olacak bir kitaptır. Bu şekilde, Federal Almanya Cumhuriyetindeki ikâmetiniz sırasında karşılaştığınız her durumda dil yönünden zorluk çekmeyecek duruma geleceksiniz.
Kitap, aynı zamanda size bu ülkedeki günlük hayat ve iş hayatı ile ilgili bilgiler vermektedir.
«Almanca – Yeni diliniz» özellikle burada yaşayan yabancılar için hazırlanmış yeni bir metod sayesinde Almanca öğrenmenizi kolaylaştıracaktır.

« Γερμανικά - ἡ νέα σας γλῶσσα » εἶναι ἕνα βιβλίο ποὺ προορίζεται νὰ σᾶς βοηθήση νὰ μάθετε τὴ γερμανικὴ γλῶσσα ἔτσι ὅπως χρησιμοποιεῖται στὴν καθημερινὴ ζωή. Θὰ εἴσαστε ἔτσι σὲ θέση νὰ ἀντιμετωπίσετε γλωσσικὰ κάθε πρόβλημα ποὺ παρουσιάζεται κατὰ τὴν παραμονή σας στὴν Ὁμοσπονδιακὴ Γερμανία.
Ταυτόχρονα τὸ βιβλίο αὐτὸ σᾶς ἐνημερώνει σχετικὰ μὲ τὴ ζωὴ καὶ τὴν ἐργασία στὴ χώρα αὐτή.
« Γερμανικά - ἡ νέα σας γλῶσσα » διευκολύνει τὴν ἐκμάθηση τῆς γερμανικῆς γλώσσας γιατὶ ἐφαρμόζει μιὰ μέθοδο ποὺ ἀναπτύχθηκε εἰδικὰ γιὰ ἀλλοδαποὺς ποὺ ζοῦν ἤδη ἐδῶ.

«Alemão – A Sua nova língua» é um livro que o ajudará a aprender a língua alemã tal como é falada na vida quotidiana. Com ele poderá dominar linguisticamente as situações com as quais é confrontado durante a sua estadia na República Federal da Alemanha.
Ao mesmo tempo o livro informão acerca do dia a dia e acerca do mundo do trabalho neste país.
«Alemão – A Sua nova língua» simplifica a aprendizagem através do uso dum método especialmente criado para estrangeiros aqui residentes.

الالمانية ــ لغتك الجديدة ... كتاب يساعدك على تعلم اللغة الالمانية كما تستعمل في الحياة اليومية ، لكي تسيطر لغويا على جميع الحالات التي تجابهك اثناء اقامتك في جمهورية المانيا الاتحادية .

في نفس الوقت يبلغك هذا الكتاب عن الحياة العادية وعن حياة العمل في هذا القطر .

الالمانية ــ لغتك الجديدة ... يسهل عليك التعلم بواسطة استعمال طريقة ، أُشتقت خاصة للاجانب الذين يعيشون هنا .

"German – your new language" is a book which should help you to learn German as it is spoken in everyday life. With it you can become sufficiently fluent to cope with situations that may arise during your stay in the Federal Republic of Germany.

At the same time, it provides plenty of information on the everyday life and the working life of the country.

"German – your new language" makes learning easier for you by the use of a method which was developed specially for foreigners who live here.

»L'Allemand – votre nouvelle langue« a pour but de vous aider à connaître la langue allemande dans son usage courant dont la connaissance est indispensable pour venir à bout de situations auxquelles vous pouvez être confronté pendant un séjour en Allemange.

En outre ce livre permet de vous donner un aperçu de la vie quotidienne et du travail dans ce pays.

Apprendre sans peine, tel est le but d'»L'Allemand, votre nouvelle langue« grâce à une nouvelle méthode spécialement mise au point pour les étrangers qui vivent ici.

Inhalt

EINHEIT I

Teil 1: Guten Tag! 1
Teil 2: Woher kommen Sie? 3
Teil 3: Ich heiße Müller. 5
Teil 4: Wer ist das? 7
Grammatik: ich, er, sie, Sie / das ist / bin, ist, sind / wie?, wo?, woher?, wer?, was? / in, aus / ja, nein, nicht

EINHEIT II

Teil 1: Im Lebensmittelgeschäft. 10
Teil 2: Im Schreibwarengeschäft. 12
Teil 3: Am Kiosk. 13
Teil 4: Im Supermarkt. 17
Grammatik: ein, eine, einen / der, den, die, das, die (Pl.) / es, wir, sie (Pl.) / habe, haben / Zahlen, Preise, Gewichte / Adjektive (präd.) / wieviel?

EINHEIT III

Teil 1: Wie komme ich zum Rathaus? 21
Teil 2: Wie komme ich zum Bahnhof? 22
Teil 3: Wie komme ich zum Flughafen? 22
Teil 4: Wie komme ich zur Rheinstraße? 23
Teil 5: Fahren Sie nach Hause? 26
Teil 6: Wie spät ist es? 28
Teil 7: Herr Fischer fährt nach Hamburg. 30
Grammatik: fahren/gehen: zum, zur, bis zum, bis zur, mit dem, mit der, ins, in die, nach
halten: am, an der,
wohin? / wann? / um wieviel Uhr? / wie spät?

EINHEIT IV

Teil 1: Zwei Bier, bitte! 35
Teil 2: Was essen Sie? 36
Teil 3: Herr Ober, wir möchten zahlen! 38
Teil 4: Haben Sie noch Zimmer frei? 40
Grammatik: kein, keine, keinen, keine (Pl.) / mein, meine, meinen, meine (Pl.), / Ihr, Ihre, Ihren, Ihre (Pl.) / es gibt / doch

EINHEIT V

Teil 1: Bist du nie müde?	47
Teil 2: Sind Sie der neue Mitarbeiter?	51
Teil 3: Wie ist Ihr Familienname?	53
Teil 4: Das ist Ihr Arbeitsplatz.	55
Teil 5: Meine Lohnabrechnung stimmt nicht.	58
Teil 6: Vergiß deine Essenmarken nicht!	60
Teil 7: Seien Sie vorsichtig!	62
Teil 8: Hallo Fiffi!	64

Grammatik: du / dein, sein, ihr / Zeitangaben / Ordinalzahlen / Maße / wie lange? / warum? Imperativ

EINHEIT VI

Teil 1: Ich möchte Geld ins Ausland überweisen.	70
Teil 2: Am Schalter.	72
Teil 3: Wie eröffne ich ein Postscheckkonto?	73
Teil 4: Ich möchte telefonieren.	74
Teil 5: Kann ich Herrn Bender sprechen?	75

Grammatik: können, dürfen, wollen, mögen, müssen, sollen / lassen / einen, eins, eine, welche (Pl.) / keinen, keins, keine, keine (Pl.) / im, in der

EINHEIT VII

Teil 1: Wohnungssuche.	83
Teil 2: Sie haben Glück. Wir haben Kinder gern.	84
Teil 3: Wie hoch ist die Miete?	86
Teil 4: Letztes Jahr hat Herr Alonso geheiratet.	88
Teil 5: Ich habe etwas Gutes zum Essen.	89
Teil 6: Ich habe das Leben in der Unterkunft satt.	91

Grammatik: mich, dich, ihn, es, sie, uns, sie, Sie / Indirekte Fragesätze / Perfekt / hatte, war / wen?, wie hoch? / Zeitangaben / seit, vor

EINHEIT VIII

Teil 1: Ich möchte nach Madrid fahren.	103
Teil 2: Wo muß ich umsteigen?	105
Teil 3: Vorgestern sind wir in Palermo angekommen.	106
Teil 4: Ich lasse das Auto zu Hause.	108

Grammatik: Trennbare Verben / ihr (2. Person Pl.), „es" als Funktionssubjekt / Indirekte Fragesätze / weil

EINHEIT IX

Teil 1: Herr Janos sucht einen Gebrauchtwagen. 118
Teil 2: Welches Baujahr ist das? 120
Teil 3: Hoffentlich hast du einen guten Kauf gemacht. 123
Teil 4: Sie sind schuld. 124
Teil 5: An der Tankstelle. 125
Teil 6: Eine Panne. 126
Grammatik: dem, der, den (Pl.) / einem, einer / meinem, meiner, meinen (Pl.) usw. / mir, dir, ihm, ihr, uns, euch, ihnen, Ihnen / Komparativ

EINHEIT X

Teil 1: Tonio tanzt nicht gern. 134
Teil 2: Bayern München spielt gegen Eintracht Frankfurt. 135
Teil 3: Ich freue mich, Sie kennenzulernen. 136
Teil 4: Was gibt's heute im Fernsehen? 138
Grammatik: Reflexivpronomen / wenn / zu + Infinitiv

EINHEIT XI

Teil 1: Im Kaufhaus. 149
Teil 2: Ich brauche ein Paar Winterschuhe. 150
Teil 3: Wie findest du das hellbraune Bett? 151
Teil 4: Wir brauchen einen Kredit. 153
Teil 5: Da kann nur die Polizei helfen. 154
Grammatik: Adjektivdeklination / welcher?, was für ein?, / wollte, konnte, mußte, sollte / daß, ob

EINHEIT XII

Teil 1: Wir machen heute Inventur. 162
Teil 2: Nächste Woche findet die Wahl zum Betriebsrat statt. 164
Teil 3: Die Maschine taugt nichts. 165
Grammatik: stellen, stehen, legen, liegen, hängen, stecken / Präpositionen mit Akkusativ und Dativ / werden / Superlativ

EINHEIT XIII

Teil 1: Warum bringen Sie Ihr Kind nicht in einen Kindergarten? 173
Teil 2: Ich möchte meinen Sohn in der Schule anmelden. 175
Teil 3: Ich will Chemielaborantin werden. 176
Grammatik: Relativpronomen / um zu, damit

EINHEIT XIV

Teil 1: Haben Sie Ihren Krankenschein mit? 184
Teil 2: Ich bin im Urlaub krank geworden. 185
Teil 3: Wie konnte der Unfall passieren? 186
Grammatik: Passiv

EINHEIT XV

Teil 1: Es handelt sich um mein Kindergeld. 190
Teil 2: Ich suche eine Lehrstelle. 192
Teil 3: Ich möchte meine Aufenthaltserlaubnis verlängern lassen. . . . 193
Grammatik: trotzdem, obwohl / als (temporal).

TEST I 65

TEST II 144

TEST III 197

EINHEIT I / Teil 1

Guten Tag

Lehrer:	Guten Tag!
Schüler:	Guten Tag!
Lehrer:	Ich heiße Müller, und wie heißen Sie?
Herr Alonso:	Alonso.

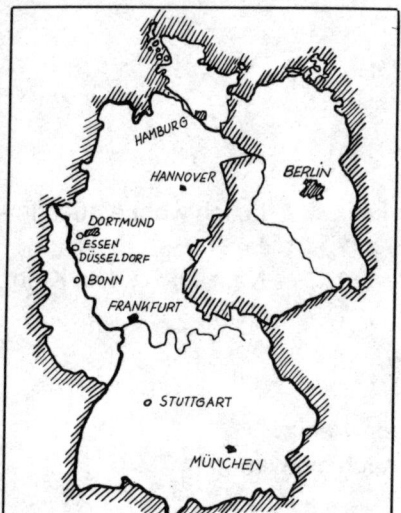

Lehrer:	Ich wohne in Frankfurt. Und wo wohnen Sie, Herr Alonso?
Herr Alonso:	Auch in Frankfurt.
Lehrer:	Wie heißen Sie?
Frau Rocco:	Ich heiße Rocco.
Lehrer:	Und wo wohnen Sie, Frau Rocco?

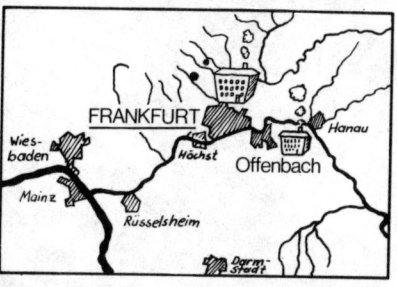

Frau Rocco:	Ich wohne in Offenbach.
Lehrer:	Und wie heißen Sie?
Fräulein Keke:	Ich heiße Keke.
Lehrer:	Wo wohnen Sie, Fräulein Keke?
Fräulein Keke:	Ich wohne auch in Offenbach.

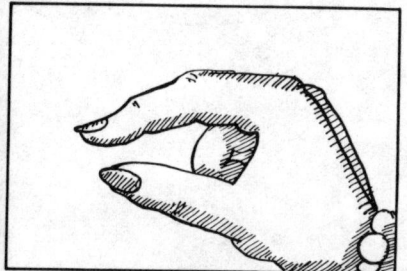

Lehrer:	Frau Rocco, sprechen Sie Deutsch?
Frau Rocco:	Ein wenig.

Übungen

Ü 1

Wie heißen Sie? Ich heiße . . . .
Und wie heißen Sie? . . . .
. . . . ? . . . .
. . . . ? . . . .

Ü 2

Wo wohnen Sie, Herr . . . . ? Ich wohne in . . . .
Und wo wohnen Sie, Frau . . . . ? . . . .
Und wo wohnen Sie, Fräulein . . ? . . . .
. . . . ? . . . .

Ü 3

Ich wohne in . . . . . .   Wohnen Sie auch in . .   Ja, ich wohne auch in
. . . . ?   Ja . . . .
. . . . ?   Nein . . . . . in Köln
. . . . ?   Nein . . . .

Ü 4

Sprechen Sie Deutsch, Herr . . . ? Ja, ein wenig.
Und Sie, Frau . . . . ? Ja, auch ein wenig.
Und Sie, Fräulein . . . . ? Ja, ...
. . . . ? Ja, ...

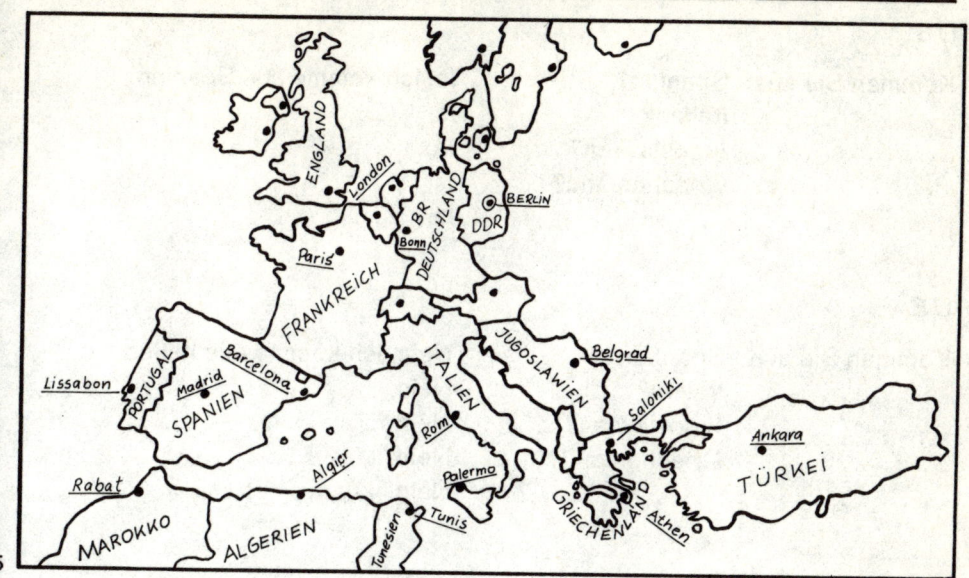

Woher kommen Sie?

Lehrer:	Woher kommen Sie, Herr Alonso?
Herr Alonso:	Aus Spanien.
Lehrer:	Und woher kommen Sie, Frau Rocco?
Frau Rocco:	Ich komme aus Italien.
Lehrer:	Und Sie, Fräulein Keke?
Fräulein Keke:	Ich komme aus Griechenland.
Lehrer:	Herr Alonso, Sie kommen aus Spanien. Kommen Sie aus Madrid?
Herr Alonso:	Nein, ich komme aus Barcelona.
Lehrer:	Und woher kommen Sie, Frau Rocco? Aus Rom?
Frau Rocco:	Nein, ich komme aus Palermo.
Lehrer:	Und Sie, Fräulein Keke? Kommen Sie aus Athen?
Fräulein Keke:	Nein, ich komme aus Saloniki.
Frau Rocco:	Und woher kommen Sie, Herr Müller?
Lehrer:	Ich komme aus Düsseldorf.
Frau Rocco:	Ich verstehe nicht. Woher kommen Sie?
Lehrer:	Aus Düsseldorf.
Frau Rocco:	Bitte, sprechen Sie langsam!
Lehrer:	Aus D ü s s e l d o r f.

Übungen

Ü 5

Kommen Sie aus Spanien?	Ja, ich komme aus Spanien.
. . . . Italien?	Ja, ...
. . . . Jugoslawien?	Ja, ...
. . . . Griechenland?	Ja, ...
. . . . ?	Ja, ...

Ü 6

Kommen Sie aus Spanien?	Nein, ich komme aus Italien.
. . . . Italien?	Nein, ...
. . . . Jugoslawien?	Nein, ...
. . . . Griechenland?	Nein, ...
. . . . ?	Nein, ...

Ü 7

Kommen Sie aus Barcelona?	Ja, ich komme aus Barcelona.
. . . . Rom?	Ja, ...
. . . . Athen?	Ja, ...
. . . . ?	Ja, ...

Ü 8

Kommen Sie aus Barcelona?	Nein, ich komme aus Madrid.
. . . . Palermo?	Nein, ...
. . . . Saloniki?	Nein, ...
. . . . ?	Nein, ...

Ü 9

Woher kommen Sie?	Ich komme aus Spanien.
Und Sie?	. . . .
. . . . ?	. . . .
. . . . ?	. . . .

Ich heiße Müller

Ich heiße Müller.
Ich bin Deutscher.
Ich arbeite in Frankfurt.
Ich bin dreißig (30) Jahre alt.

Ich heiße Alonso.
Ich bin Spanier.
Ich arbeite in Frankfurt.
Ich bin fünfzig (50) Jahre alt.

Ich heiße Rocco.
Ich bin Italienerin.
Ich arbeite in Offenbach.
Ich bin vierzig (40) Jahre alt.

Ich heiße Keke.
Ich bin Griechin.
Ich arbeite in Offenbach.
Ich bin zwanzig (20) Jahre alt.

Übungen

Ü 10

Sind Sie Spanier?	Ja, ich bin Spanier.
. . . . . Italiener?	Ja, ...
. . . . . Jugoslawe?	Ja, ...
. . . . . Grieche?	Ja, ...

Ü 11

Sind Sie Spanierin?	Nein, ich bin Italienerin.
. . . . . Italienerin?	Nein, ...
. . . . . Jugoslawin?	Nein, ...
. . . . . Griechin?	Nein, ...

Ü 12

Wo arbeiten Sie, Herr . . . . ?	Ich arbeite in . . . .
Und Sie, Frau . . . . ?	. . . .
Und Sie, Fräulein . . . . ?	. . . .
. . . . . , ... ?	. . . .

Ü 13

Wie alt sind Sie?	Ich bin 30 Jahre alt.
. . . . ?	. . . . 50 . . . .
. . . . ?	. . . . 20 . . . .
. . . . ?	. . . . 40 . . . .

EINHEIT I / Teil 4

Wer ist das?

Das ist Frau Blanco.
Sie kommt aus Spanien.
Sie ist Spanierin.
Sie arbeitet in Hannover.
Sie ist Schneiderin.
Sie ist 30 Jahre alt.

Das ist Herr Papas.
Er kommt aus Griechenland.
Er ist Grieche.
Er arbeitet in Köln.
Er ist Arbeiter.
Er ist 40 Jahre alt.

Das ist Antonio.
Er kommt aus Italien.
Er ist Italiener.
Er arbeitet in München.
Er ist Lehrling.
Er ist 20 Jahre alt.

Das ist Jelena.
Sie kommt aus Jugoslawien.
Sie ist Jugoslawin.
Sie ist Studentin.
Sie studiert in Hamburg.
Sie ist 20 Jahre alt.

Übungen

Ü 14

Herr Alonso arbeitet in Frankfurt.
Wo arbeiten Sie?   Ich arbeite in Offenbach.
Frau Rocco arbeitet in Offenbach.
Wo arbeiten Sie?   . . . . . . in Köln.
Antonio arbeitet in München.
Wo arbeiten Sie?   . . . . . . in Hannover.
Frau Blanco arbeitet in Hannnover.
Wo arbeiten Sie?   . . . . . . in Frankfurt.

Ü 15

Herr Alonso ist 50 Jahre alt.
Wie alt sind Sie?   Ich bin 30 Jahre alt.
Frau Rocco ist 40 Jahre alt.
Wie alt sind Sie?   . . . . 20 . . . .
Antonio ist 20 Jahre alt.
Wie alt sind Sie?   . . . . 40 . . . .
Frau Blanco ist 30 Jahre alt.
Wie alt sind Sie?   . . . . 50 . . . .

Ü 16

Wer ist das?   Das ist Herr Malik.
Woher kommt er?   . . . . Indien.
Was ist er?   . . . . Architekt.
Wo arbeitet er?   . . . . Berlin.
Wie alt ist er?   . . . . 30 Jahre alt.

Ü 17

Wer ist das?   . . . . Frau Minelli.
Woher kommt sie?   . . . . Italien.
Was ist sie?   . . . . Hausfrau.
Wo arbeitet sie?   . . . . Stuttgart.
Wie alt ist sie?   . . . . 40 Jahre alt.

Ü 18

Wer ist das? .... Herr Soto.
Woher kommt er? .... Spanien.
Was ist er? .... Maurer.
Wo arbeitet er? .... Essen.
Wie alt ist er? .... 50 Jahre alt.

16

Ü 19

Wer ist das? .... Fräulein Oros.
Woher kommt sie? .... Jugoslawien.
Was ist sie? .... Verkäuferin.
Wo arbeitet sie? .... Bonn.
Wie alt ist sie? .... 20 Jahre alt.

17

Ü 20

Herr Blanco, woher kommt Herr Alonso?   Er kommt aus Spanien.
............, ... Herr Rocco?   .... Italien.
............, ... Frau Alonso?   Sie kommt aus Spanien.
............, ... Frau Rocco?   .... Italien.

Ü 21

Frau Blanco, was ist Herr Malik?   Er ist Architekt.
..........., ... Herr Soto?   ... Maurer.
..........., ... Frau Minelli?   ... Hausfrau.
..........., ... Frau Oros?   ... Verkäuferin.

Ü 22

Herr Alonso, wo arbeitet Herr Malik?   Er arbeitet in Berlin.
..............., ... Frau Minelli?   .... Stuttgart.
..............., ... Herr Soto?   .... Essen.
..............., ... Fräulein Oros?   .... Bonn.

Ü 23

Frau Alonso, wie alt ist Fräulein Oros?   ..... 20 .....
..........., ... Frau Minelli?   ..... 40 .....
..........., ... Herr Malik?   ..... 30 .....
..........., ... Herr Soto?   ..... 50 .....

EINHEIT II / Teil 1

Im Lebensmittelgeschäft

- Guten Morgen! Sie wünschen?
- Ich hätte gerne zwei Brötchen und eine Flasche Bier.
- Bitte sehr.
- Ist das Bier kalt?
- Ja, es ist ziemlich kalt. Sonst noch etwas?

- Ja, ich möchte noch 100 Gramm Schinken.
- Nehmen Sie den? Der ist sehr gut.
- Was kostet der denn?
- 100 Gramm DM 1,90. Ist das alles?
- Ja, das wär's.

- Zwei Brötchen . . . . DM 0,28
  (achtundzwanzig Pfennig)
  Eine Flasche Bier . . . . DM 1,–
  (eine Mark)
  100 Gramm Schinken . . . . . DM 1,90
  (eine Mark neunzig)

  Das macht zusammen . . . . DM 3,18
  (drei Mark achtzehn)

- Hier, bitte.
- Dankeschön.

Ich hätte gern ein Pfund Äpfel. Was kostet das Pfund?   DM 1,23
Ich hätte gern ein Kilo Zwiebeln. Was kostet das Kilo?   DM 2,10
Ich hätte gern ein halbes Kilo Weintrauben. Was kostet das Kilo?   DM 5,96
Ich hätte gern ein halbes Pfund Erdbeeren. Was kostet das Pfund?   DM 2,50

EINHEIT II / Teil 2

Im Schreibwarengeschäft

– Guten Tag! Ich möchte einen Kugelschreiber und eine Postkarte.
– Bitte sehr.
– Was kostet das?
– Der Kugelschreiber kostet DM 1,50 und die Postkarte DM 0,40.

– Haben Sie auch Wörterbücher? Ich brauche ein Wörterbuch Deutsch-Spanisch.

– Das habe ich leider nicht. Aber hier nebenan ist eine Buchhandlung.
– Vielen Dank.

Ich möchte einen Block. Was kostet der Block hier?	DM 1,55
Ich möchte einen Radiergummi. Was kostet der Radiergummi hier?	DM 0,50
Ich möchte einen Bleistift. Was kostet der Bleistift hier?	DM 0,50
Ich möchte einen Stadtplan. Was kostet der Stadtplan hier?	DM 3,95

EINHEIT II / Teil 3

Am Kiosk
- Guten Abend! Sie wünschen?
- Ein Päckchen Reval – Filter.
- DM 2,20, bitte.

- Ich brauche noch eine Schachtel Streichhölzer.
- DM 0,05.

- Was kosten denn die Feuerzeuge hier? Die sind schön!
- DM 3,95 das Stück.
- Hier sind DM 10,–.
- Und DM 3,80 zurück. Vielen Dank.
- Auf Wiedersehen!

Ich möchte eine Illustrierte. Was kostet die Illustrierte hier?	DM 2,20
Ich möchte eine Zeitung. Was kostet die Zeitung hier?	DM 0,30
Ich möchte eine Flasche Apfelsaft. Was kostet die Flasche?	DM 0,95
Ich möchte eine Flasche Wasser. Was kostet die Flasche?	DM 0,65

0 – null	10 – zehn	20 – zwanzig
1 – eins	11 – elf	21 – einundzwanzig
2 – zwei	12 – zwölf	22 – zweiundzwanzig
3 – drei	13 – dreizehn	30 – dreißig
4 – vier	14 – vierzehn	40 – vierzig
5 – fünf	15 – fünfzehn	50 – fünfzig
6 – sechs	16 – sechzehn	60 – sechzig
7 – sieben	17 – siebzehn	70 – siebzig
8 – acht	18 – achtzehn	80 – achtzig
9 – neun	19 – neunzehn	90 – neunzig
		100 – hundert
		200 – zweihundert

Ü 1

Was kostet ein Kugelschreiber?	DM 1,50
.... Block?	DM 1,55
.... Bleistift?	DM 0,50
.... Radiergummi?	DM 0,50

Ü 2

Was kostet ein Brötchen?	DM 0,14
.... Kilo Äpfel?	DM 2,46
.... Pfund Weintrauben?	DM 1,49
.... Päckchen Zigaretten?	DM 2,20

Ü 3

Was kostet eine Flasche Bier?	DM 1,–
.... Schachtel Streichhölzer?	DM 0,05
.... Flasche Apfelsaft?	DM 0,95
.... Illustrierte?	DM 2,20

Ü 4

Was wünschen Sie?	Ich möchte einen Kugelschreiber.
.... ?	.... Radiergummi.
.... ?	.... Bleistift.
.... ?	.... Stadtplan.

Ü 5

Was wünschen Sie?	Ich möchte ein Feuerzeug.
.... ?	.... Päckchen Zigaretten.
.... ?	.... Wörterbuch.
.... ?	.... Brötchen.

Ü 6

Was wünschen Sie?	Ich möchte eine Flasche Bier.
.... ?	.... Postkarte.
.... ?	.... Schachtel Streichhölzer.
.... ?	.... Illustrierte.

Ü 7

Sie wünschen?		Ich hätte gern einen	Kugelschreiber.
. . . . ?		. . . .	Radiergummi.
. . . . ?		. . . . ein	Pfund Äpfel.
. . . . ?		. . . .	Päckchen Zigaretten.
. . . . ?		. . . . eine	Flasche Bier.
. . . . ?		. . . .	Schachtel Streichhölzer.

Ü 8

		$1 + 4 = 5$	Eins und vier ist fünf.
		$3 + 7 = 10$	. . . .
Wieviel ist	$9 + 3$?	$9 + 3 = 12$	. . . .
. . . .	$20 + 1$?	$20 + 1 = 21$	. . . .
. . . .	$10 + 6$?	$10 + 6 = 16$	. . . .

Ü 9

		$7 - 7 = 0$	Sieben weniger sieben ist null.
		$41 - 10 = 31$	. . . .
Wieviel ist	$90 - 30$?	$90 - 30 = 60$	. . . .
. . . .	$100 - 15$?	$100 - 15 = 85$	. . . .
. . . .	$70 - 58$?	$70 - 58 = 12$	. . . .

Ü 10

		$3 \cdot 1 = 3$	Drei mal eins ist drei.
		$2 \cdot 2 = 4$	. . . .
Wieviel ist	$9 \cdot 5$?	$9 \cdot 5 = 45$	. . . .
. . . .	$7 \cdot 3$?	$7 \cdot 3 = 21$	. . . .
. . . .	$3 \cdot 5$?	$3 \cdot 5 = 15$	. . . .

Ü 11

		$4 : 1 = 4$	Vier durch eins ist vier.
		$6 : 3 = 2$	. . . .
Wieviel ist	$12 : 4$?	$12 : 4 = 3$	. . . .
. . . .	$10 : 2$?	$10 : 2 = 5$	. . . .
. . . .	$20 : 5$?	$20 : 5 = 4$	. . . .

Im Supermarkt

Frau Koch:	Bitte, Fräulein, wo ist das Brot?
Verkäuferin:	Da drüben.
Inge:	Ist das Brot frisch?
Frau Koch:	Ja, es ist ganz frisch.

Inge:	Und wo ist die Wurst?
Frau Koch:	Die Wurst ist dort hinten.

Inge:	Nehmen wir die Salami hier? Die ist gut und billig.
Frau Koch:	Ja. Was kostet der Käse da?

Verkäuferin:	100 Gramm DM 1,20.
Frau Koch:	Und der Schweizerkäse hier vorn?
Verkäuferin:	100 Gramm DM 1,50.
Inge:	Nehmen wir den Schweizerkäse?
Frau Koch:	Ja, der ist gut, den nehmen wir.

Inge:	Du, wir brauchen noch Obst und einen Liter Milch.

Frau Koch:	Ja, richtig. Brauchen wir sonst noch etwas?
Inge:	Ja, zwei Flaschen Wein.
Frau Koch:	Nehmen wir den Rotwein hier?
Inge:	Was kostet die Flasche?
Frau Koch:	Sie ist nicht teuer, sie kostet DM 2,35.

Übungen

Ü 12

Ist der Wein teuer?	Ja, er ist teuer.
Ist der Schinken gut?	Ja, er . . . .
Ist der Kugelschreiber schön?	Ja, ...

Ü 13

Ist das Bier kalt?	Ja, es ist kalt.
Ist das Brot gut?	Ja, es . . . .
Ist das Feuerzeug schön?	Ja, ...

Ü 14

Ist die Wurst gut?	Ja, sie ist gut.
Ist die Milch frisch?	Ja, sie . . . .
Ist die Schachtel Streichhölzer billig?	Ja, ...

Ü 15

Sind die Feuerzeuge schön?	Ja, sie sind schön.
. . . . . Wörterbücher teuer?	Ja, sie . . . .
. . . . . Brötchen frisch?	Ja, ...

Ü 16

Ist der Wein teuer?	Nein, er ist nicht teuer.
Ist der Schinken billig?	Nein, ...
Ist der Kugelschreiber schön?	Nein, ...

Ü 17

Ist das Obst frisch?	Nein, es ist nicht frisch.
Ist das Brot gut?	Nein, ...
Ist das Päckchen Zigaretten billig?	Nein, ...

Ü 18
Ist die Wurst gut?   Nein, sie ist nicht gut.
Ist die Milch frisch?   Nein, ...
Ist die Flasche Bier teuer?   Nein, ...

Ü 19
Sind die Äpfel heute billig?   Nein, sie sind heute nicht billig.
. . . . . Erdbeeren heute schön?   Nein, ...
. . . . . Weintrauben heute teuer?   Nein, ...

Ü 20
Bitte, Fräulein, wo ist der Käse?   Er ist hier vorn.
. . . . der Wein?   . . . .
. . . . das Brot?   Es ist da drüben.
. . . . das Obst?   . . . .
. . . . die Wurst?   Sie ist dort hinten.
. . . . die Milch?   . . . .

Ü 21
Nehmen wir den Käse hier?   Ja, der ist gut. Den nehmen wir.
. . . . den Rotwein hier?   Ja, ... nicht teuer. . . . .
. . . . den Stadtplan hier?   Ja, ... billig. . . . .

Ü 22
Nehmen wir das Wörterbuch hier?   Ja, das ist gut. Das nehmen wir.
. . . . das Feuerzeug hier?   Ja, ... schön. . . . .
. . . . das Bier hier?   Ja, ... kalt. . . . .

Ü 23
Nehmen wir die Illustrierte hier?   Ja, die ist gut. Die nehmen wir.
. . . . die Postkarte hier?   Ja, ... schön. . . . .
. . . . die Milch hier?   Ja, ... frisch. . . . .

Ü 24
Haben Sie Wörterbücher?   Nein, leider nicht, aber hier nebenan ist eine Buchhandlung.
. . . . . . Zigaretten?   . . . . , ... , ...
                         Kiosk.
. . . . . . Karten?   . . . . , ... , ...
                         Schreibwarengeschäft.
. . . . . . Milch?   . . . . , ... , ...
                         Supermarkt.

Testübungen

T a
der, das oder die?

Wo ist der Käse?	Der ist da drüben.
. . . . . . Wurst?	. . . .
. . . . . . Obst?	. . . .
. . . . . . Wein?	. . . .
. . . . . . Milch?	. . . .
. . . . . . Brot?	. . . .

T b
der, das oder die?   **er, es oder sie?**

Ist . . . . Schinken gut?	Ja, . . . ist gut.
. . . . . . Milch frisch?	Ja, ...
. . . . . . Feuerzeug schön?	Ja, ...
. . . . . . Wurst billig?	Ja, ...
. . . . . . Bier kalt?	Ja, ...
Sind . . . Äpfel gut?	Ja, ...
. . . . . . Erdbeeren teuer?	Ja, ...

T c
einen, ein oder eine?

Herr Alonso   kauft . . . Radiergummi.
Herr Koch   kauft . . . Päckchen Zigaretten.
Herr Müller   kauft . . . Kugelschreiber.
Maria   kauft . . . Schachtel Streichhölzer.
Peter   kauft . . . Wörterbuch.
Antonio   kauft . . . Postkarte.
Frau Alonso   kauft . . . Liter Milch.
Frau Koch   kauft . . . Flasche Apfelsaft.
Frau Müller   kauft . . . Pfund Äpfel.

T d
der, den, das oder die?

Nehmen wir . . . Käse hier?	Ja, . . . ist billig, . . . nehmen wir.
. . . . Feuerzeug hier?	Ja, . . . ist schön, ...
. . . . Salami hier?	Ja, . . . ist nicht teuer, ...
. . . . Wörterbuch hier?	Ja, . . . ist gut, ...
. . . . Wein hier?	Ja, . . . ist gut, ...
. . . . Äpfel hier?	Ja, . . . sind billig, ...

EINHEIT III / Teil 1

Wie komme ich zum Rathaus?

– Entschuldigen Sie, wie komme ich zum Rathaus?

– Sind Sie zu Fuß?
– Ja. Ist es weit?

– Ja, ziemlich. Am besten fahren Sie mit der U-Bahn.
– Welche Linie fährt zum Rathaus?
– Linie 7.

– Und wo ist die Haltestelle?

– Gehen Sie hier geradeaus bis zur Kreuzung. Rechts um die Ecke ist die U-Bahnstation.
– Danke schön.
– Nichts zu danken.

EINHEIT III / Teil 2 / Teil 3

Teil 2

Wie komme ich zum Bahnhof?

– Entschuldigen Sie, fährt die Straßenbahn hier zum Bahnhof?

– Nein, die fährt zur Rheinbrücke. Die Straßenbahn zum Bahnhof hält dort gegenüber an der Post.

Teil 3

Wie komme ich zum Flughafen?

– Verzeihung, wie komme ich von hier zum Flughafen?
– Nehmen Sie ein Taxi.

– Ist das nicht sehr teuer?
– Da haben Sie recht. Dann fahren Sie am besten mit dem Bus.
– Und wo ist die Haltestelle?
– Die Busse zum Flughafen halten am Bahnhof.

EINHEIT III / Teil 4

Wie komme ich zur Rheinstraße?

- Entschuldigen Sie bitte, ich möchte zur Rheinstraße.
- Ich habe nicht verstanden. Wohin wollen Sie?
- Zur Rheinstraße.
- Ja, da fahren Sie geradeaus bis zur Kirche. An der Kirche fragen Sie nochmal.

- Verzeihung, ich suche die Rheinstraße.
- Das ist ganz in der Nähe. Fahren Sie die erste Straße links. Dann kommen Sie direkt zur Rheinstraße.
- Vielen Dank.
- Einen Moment! Da finden Sie keinen Parkplatz! Da ist Halten verboten. Am besten parken Sie hier und gehen zu Fuß.

Übungen

Ü 1

Wie komme ich zum Bahnhof? Am besten fahren Sie mit dem Bus.
.... zum Flughafen? ....
.... zum Rathausplatz? ....

Ü 2

Wie komme ich zur Rheinbrücke? Am besten fahren Sie mit der Straßenbahn.
.... zur Rheinstraße? ....
.... zur Post? ....

Ü 3

Fährt der Bus hier zum Bahnhof? Ja, der fährt zum Bahnhof.
.... Flughafen? Ja, ...
.... Rathausplatz? Ja, ...

Ü 4

Fährt die Straßenbahn hier zur
Rheinbrücke? — Ja, die fährt zur Rheinbrücke.

.... Rheinstraße? — Ja, ...

.... Post? — Ja, ...

Ü 5

Hält der Bus hier am Bahnhof? — Ja, der hält am Bahnhof.

... die Straßenbahn hier am
Rathaus? — Ja, ...

... die U-Bahn hier am Flughafen? — Ja, ...

Ü 6

Hält der Bus hier an der Rheinbrücke? — Ja, der hält an der Rheinbrücke.

... die Straßenbahn hier an der
Rheinstraße? — Ja, ...

... die U-Bahn hier an der Post? — Ja, ...

Ü 7

Fährt die U-Bahn zum Flughafen? — Nein, sie fährt nicht zum Flughafen.

..... Straßenbahn zum Rathaus? — Nein, ... nicht ....

..... Bus zur Post? — Nein, ... nicht ....

Ü 8

Wo ist die Bushaltestelle? — Gehen Sie hier geradeaus bis zum Bahnhof. Da ist die Bushaltestelle.

...... U-Bahnhaltestelle? — .... bis zur Kreuzung. ....

...... Straßenbahnhaltestelle? — .... bis zur Brücke. ....

Ü 9

Verzeihung, wo ist hier ein Lebensmittelgeschäft? — Rechts um die Ecke.

........, ... ein Schreibwarengeschäft? — ....

........, ... ein Supermarkt? — Links ....

........, ... eine Buchhandlung? — ....

Ü 10

Entschuldigung, wo ist die Post?
Danke schön.
. . . . , ... das Rathaus?
. . . .
. . . . , . . . die Paulskirche?
. . . .

Da gegenüber.
Nichts zu danken.
. . . .
. . . .
. . . .
. . . .

Ü 11

Wie komme ich zum Rathausplatz?

Zum Rathausplatz.

Wie komme ich zur Berliner Straße?
Zur . . . .

Wie komme ich zur Münchener
Straße?
Zur . . . .

Ich habe nicht verstanden.
Wohin wollen Sie?
Ja, dann nehmen Sie am besten den
Bus.
Ich habe . . . . ?
Ja, ...
Straßenbahn.

. . . . ?
Ja, ...
U-Bahn.

Ü 12

Ich suche die Rheinstraße.
. . . . . . die Münchener Straße.
. . . . . . die Berliner Straße.

Fahren Sie die erste Straße rechts.
. . . . zweite . . . .
. . . . dritte . . . .

Ü 13

Fahren wir mit dem Taxi
zum Bahnhof?
. . . .
zum Goetheplatz?
. . . .
zum Rathaus?
. . . .
zur Post?
. . . .
zur Rheinstraße?

Nein, der Bahnhof ist nicht weit,
wir gehen zu Fuß.
Nein, der Goetheplatz . . . . . . ,
. . . .
Nein, das Rathaus . . . . ,
. . . .
Nein, die Post . . . . ,
. . . .
Nein, die Rheinstraße . . . . . . ,
. . . .

EINHEIT III / Teil 5

Fahren Sie nach Hause?

Herr Becker arbeitet in Schicht. Er hat heute sehr früh Feierabend. Er kauft gerade eine Fahrkarte. Da kommt Fräulein Roth. Sie ist eine Arbeitskollegin von Herrn Becker.

Herr Becker:	Wie geht's, Fräulein Roth? Haben Sie auch schon Feierabend?
Fräulein Roth:	Ja, ich fahre nach Hause. Und Sie?
Herr Becker:	Ich fahre in die Stadt. Ich gehe ins Kino.
Fräulein Roth:	Was gibt's denn?
Herr Becker:	„Django".
Fräulein Roth:	Ist das ein Krimi?
Herr Becker:	Nein, das ist ein Western. Kommen Sie mit?
Fräulein Roth:	Um wieviel Uhr beginnt denn der Film?
Herr Becker:	Um sechs Uhr. Wir haben noch anderthalb Stunden Zeit.
Fräulein Roth:	Oh, das ist sehr spät. Ich habe zu Hause noch viel zu tun.
Herr Becker:	Schade. Aber da kommt die Straßenbahn. Auf Wiedersehen, bis morgen.
Fräulein Roth:	Tschüs und viel Spaß im Kino.

Ü 14

Wohin fährt Herr Becker?   In die Stadt. Er geht ins Kino.
. . . . Herr Alonso?   . . . .
. . . . Frau Blanco?   . . . .
. . . . Fräulein Keke?   . . . .

Ü 15

Ich gehe ins Kino. Kommen Sie mit?   Nein, ich fahre jetzt nach Hause.

. . . . . ins Theater. . . . . ?   . . . .
. . . . . in die Stadt. . . . . ? . . . .

Ü 16

Ist Herr Becker zu Hause?   Nein, er ist nicht da.
. . Frau Rocco . . . . ?   Nein, ...
. . Fräulein Roth . . . . ? Nein, ...

Ü 17

Kommen Sie mit ins Kino?   Nein, ich habe zu Hause noch viel zu tun.
. . . . ins Theater?   . . . , ...
. . . . in die Stadt?   . . . , ...

Ü 18

Wer ist Fräulein Roth?   Sie ist eine Kollegin von Herrn Becker.
. . . . Frau Rocco?   . . . . von Herrn Schneider.
. . . . Herr Becker?   . . . . ein Kollege   von Fräulein Roth.
. . . . Herr Schneider?   . . . . von Frau Rocco.

EINHEIT III / Teil 6

Wie spät ist es?

Es ist ein Uhr.

Es ist zwei Uhr.

Es ist halb eins.

Es ist halb zwei.

Es ist Viertel nach eins.

Es ist Viertel nach zwei.

Es ist Viertel vor eins.

Es ist Viertel vor zwei.

Es ist zehn nach eins.

Es ist zwanzig nach zwei.

Es ist zehn vor eins.

Es ist zwanzig vor zwei.

(7.15 Uhr)   Es ist sieben Uhr fünfzehn.
(12.30 Uhr)   Es ist zwölf Uhr dreißig.
(14.45 Uhr)   Es ist vierzehn Uhr fünfundvierzig.
(20.53 Uhr)   Es ist zwanzig Uhr dreiundfünfzig.
(0.12 Uhr)   Es ist null Uhr zwölf.

55   Es ist 9.30 Uhr.
Die Uhr geht richtig.

Die Uhr geht 5 Minuten vor.

Die Uhr geht 10 Minuten nach.

Die Uhr steht.

EINHEIT III / Teil 7

Herr Fischer fährt nach Hamburg

Herr Jung:	Wohin fahren Sie, Herr Fischer?
Herr Fischer:	Nach Hamburg.
Herr Jung:	Fahren Sie mit dem Zug?
Herr Fischer:	Ja.
Herr Jung:	Wann fahren Sie?
Herr Fischer:	Um 16 Uhr.
Herr Jung:	Und wie spät ist es jetzt?
Herr Fischer:	15 Uhr.
Herr Jung:	Dann haben Sie ja noch eine Stunde Zeit. Gehen wir ein Bier trinken?
Herr Fischer:	Gern.

Frau Weber fährt nach Bonn

Frau Koch:	Wohin . . . . ?
Frau Weber:	Nach . . . .
Frau Koch:	Fahren Sie . . . . ?
Frau Weber:	. . . .
Frau Koch:	Wann . . . . ?
Frau Weber:	Um 16.30 Uhr.
Frau Koch:	. . . . ?
Frau Weber:	15.45 Uhr.
Frau Koch:	Dann . . . . 45 Minuten . . . . Gehen wir eine Tasse Tee trinken?
Frau Weber:	. . . .

Fräulein Minelli fliegt nach Italien

Frl. Franke:	Wohin fahren Sie, Fräulein Minelli?
Frl. Minelli:	Nach Rom.
Frl. Franke:	Fahren Sie mit dem Zug?
Frl. Minelli:	Nein, ich nehme das Flugzeug.
Frl. Franke:	Wann fliegen Sie?
Frl. Minelli:	Um 17.00 Uhr.
Frl. Franke:	Und wie spät ist es jetzt?
Frl. Minelli:	14.00 Uhr.
Frl. Franke:	Dann haben Sie ja noch drei Stunden Zeit. Gehen wir noch ein Eis essen?
Frl. Minelli:	Gern.

Herr Müller hat heute Spätschicht

Herr Soto:	Haben Sie heute Nachtschicht?
Herr Müller:	Nein, ...
Herr Soto:	Wann beginnt die denn?
Herr Müller:	Um 14.00 Uhr.
Herr Soto:	Und . . . . ?
Herr Müller:	13.30 Uhr.
Herr Soto:	Dann . . . . halbe Stunde . . . . Gehen . . . . ein Bier . . . . ?
Herr Müller:	Gern.

Übungen

Ü 19

3.00 Uhr	Es ist drei Uhr.
7.00 Uhr	....
10.00 Uhr	....

Ü 20

4.30 Uhr	Es ist halb fünf.
11.30 Uhr	....
6.30 Uhr	....

Ü 21

3.15 Uhr	Es ist Viertel nach drei.
4.15 Uhr	....
12.15 Uhr	....

Ü 22

3.45	Es ist Viertel vor vier.
6.45	....
11.45	....

Ü 23

Wie spät ist es?	(5.10)	Zehn nach fünf.
.... ?	(11.20)	....
.... ?	(9.05)	....

Ü 24

Wie spät ist es?	(6.50)	Zehn vor sieben.
.... ?	(7.40)	....
.... ?	(8.55)	....

Ü 25

Wie spät ist es?	(14.25)	Vierzehn Uhr fünfundzwanzig.
.... ?	(16.43)	....
.... ?	(0.17)	....

Ü 26

Wohin fahren Sie, Herr Fischer?	Ich fahre nach Hamburg.
. . . ., Frau Weber?	. . . . Bonn.
Wohin fliegen Sie, Fräulein Minelli?	. . . . Italien.
. . . ., Herr Alonso?	. . . . Spanien.

Ü 27

Um wieviel Uhr fährt Herr Fischer?	(16.00)	Um sechzehn Uhr.
. . . . Frau Koch?	(16.30)	. . . .
Um wieviel Uhr fliegt Fräulein Minelli?	(17.00)	. . . .
. . . . Herr Alonso?	(21.43)	. . . .

Ü 28

Wann beginnt die Frühschicht?	(5.30)	Um halb sechs.
. . . . die Spätschicht?	(14.00)	. . . .
. . . . die Nachtschicht?	(23.15)	. . . .
. . . . der Unterricht?		. . . .

Testübungen

T a

zum, zur oder nach?
Wie komme ich . . . Rathausplatz?
. . . . Rheinstraße?
. . . . Spanien?
. . . . Flughafen?
. . . . Paulskirche?
. . . . München?

mit dem oder mit der?
. . . . U-Bahn.
. . . . Bus.
. . . . Flugzeug.
. . . . Taxi.
. . . . Straßenbahn.
. . . . Zug.

T b

am oder an der?

Der Bus hält	. . . Bahnhof.
Die Straßenbahn hält	. . . Post.
Die U-Bahn hält	. . . Münchener Straße.
Die Taxis halten	. . . Flughafen.

T c

am oder zum?

Das Auto fährt . . . Flughafen.
Die Straßenbahn hält . . . Rathaus.
Herr Müller geht . . . Bahnhof.
Die U-Bahn fährt . . . Goetheplatz.

T d

ins, in die oder nach?

Herr Müller fährt . . . . . . Paris.
Frau Koch geht . . . . . . Kino.
Frau Müller fährt . . . . . England.
Peter fährt . . . . . . Stadt.
Maria geht . . . . . . Hause.
Antonio geht . . . . . . Theater.

T e

Ich gehe nach Hause.   Er . . . ins Kino.
Ich fahre mit der Straßenbahn.   Er . . . mit dem Bus.
Ich habe Nachtschicht.   Er . . . schon Feierabend.
Die Busse halten am Rathaus.   Die Straßenbahn . . . an der Post.

T f

Fahren oder gehen?

Ich . . . . . . nach Jugoslawien.
Er . . . . . . mit dem Bus.
Sie . . . . . . zu Fuß.
Ich . . . . . . mit der Straßenbahn.

T g

Wie spät ist es?   (14.45 Uhr)
Wann beginnt der Film?   (18.00 Uhr)
Wie spät ist es?   (19.30 Uhr)
Um wieviel Uhr fährt der Zug?   (20.19 Uhr)

Zwei Bier, bitte!

Herr Richter:	Verzeihung, sind die Plätze hier frei?
Gäste:	Nein, hier ist leider schon besetzt.

Herr Richter:	Entschuldigung, ist hier noch frei?
Gast:	Ja, die Plätze hier sind noch frei.
Herr Richter:	Danke.

Herr Hoffmann:	Fräulein, zwei Bier bitte!
Kellnerin:	Pils oder Export?
Herr Hoffmann:	Pils bitte.
Herr Richter:	Und bringen Sie bitte auch noch zwei Korn!

Kellnerin:	Hier ist Ihr Bier und der Korn. Zum Wohl!

Herr Hoffmann:	Prost, Herr Richter!
Herr Richter:	Prost!

EINHEIT IV / Teil 2

Was essen Sie?

Herr Kaufmann:	Fräulein, die Speisekarte bitte!
Kellnerin:	Einen Moment! Ich rufe meinen Kollegen. Ich bediene nicht hier.
Kellner:	Sie wünschen?
Herr Kaufmann:	Wir möchten etwas essen. Wir hätten gern die Speisekarte!

Herr Kaufmann liest die Speisekarte.

1. Gulaschsuppe	DM 1,20
2. Fleischbrühe mit Ei	DM 2,30
3. Bratwurst mit Brot	DM 2,60
4. Fischfilet mit Kartoffelsalat	DM 4,80
5. Rinderbraten, Kartoffeln, Gemüse	DM 6,50
6. Schweinebraten, Kartoffeln, Gemüse	DM 6,20
7. Kalbsbraten, Kartoffeln, Salat	DM 8,20
8. Schweinekotelett, Kartoffeln, Salat	DM 5,90
9. Schnitzel mit Pommes frites	DM 7,00
10. Rumpsteak mit Reis und Salat	DM 8,50

Kellner:	Was essen Sie?
Herr Meier:	Ich nehme ein Schweinekotelett.
Kellner:	Und Sie?
Herr Kaufmann:	Ich möchte lieber einen Kalbsbraten.
Kellner:	Mit Reis oder mit Kartoffeln?
Herr Kaufmann:	Mit Kartoffeln. Und bringen Sie bitte ein Glas Bier. Trinken Sie kein Bier, Herr Meier?
Herr Meier:	Doch, ich habe Durst. Bringen Sie bitte zwei.
Herr Kaufmann:	Hoffentlich kommt das Essen bald. Ich habe nämlich Hunger.
Kellner:	So, hier sind zwei Bier und Ihr Kotelett. Ihren Kalbsbraten bekommen Sie sofort.
Herr Meier:	Herr Ober, bringen Sie bitte Pfeffer und Salz!
Kellner:	Sofort. Guten Appetit!

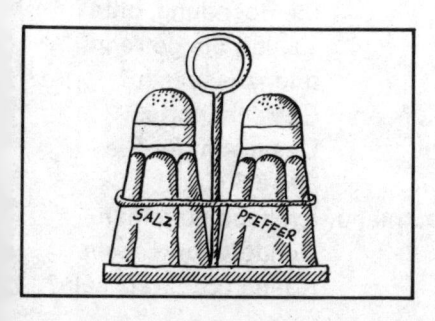

EINHEIT IV / Teil 3

Herr Ober, wir möchten zahlen!

Herr Meier:	Herr Kaufmann, trinken Sie auch einen Kaffee?
Herr Kaufmann:	Gern. Herr Ober, bringen Sie bitte zwei Espresso.
Kellner:	Es gibt heute keinen Espresso. Die Maschine ist kaputt.
Herr Kaufmann:	Na ja, dann bringen Sie zwei Cognac.
Herr Meier:	Möchten Sie eine Zigarette, Herr Kaufmann?
Herr Kaufmann:	Nein, danke. Ich rauche keine Zigaretten, ich rauche nur Pfeife.
Herr Meier:	Oh, es ist schon spät. Ich muß wieder ins Büro.
Herr Kaufmann:	Ich auch. Herr Ober, die Rechnung, bitte!
Kellner:	Zahlen Sie getrennt oder zusammen?
Herr Kaufmann:	Getrennt, bitte.
Kellner:	Das macht für Sie DM 8,60.
Herr Kaufmann:	Ich habe nur einen Hundertmarkschein. Können Sie wechseln?

Kellner: Ja, das geht. Haben Sie vielleicht 60 Pfennig?
Herr Kaufmann: Nein, ich habe kein Kleingeld. Machen Sie DM 9,00!
Kellner: Für Sie macht das DM 8,20.
Herr Meier: Hier sind DM 8,50. Es stimmt so!
Kellner: Danke.

EINHEIT IV / Teil 4

Haben Sie noch Zimmer frei?

Gäste: Guten Abend! Haben Sie noch Zimmer frei?

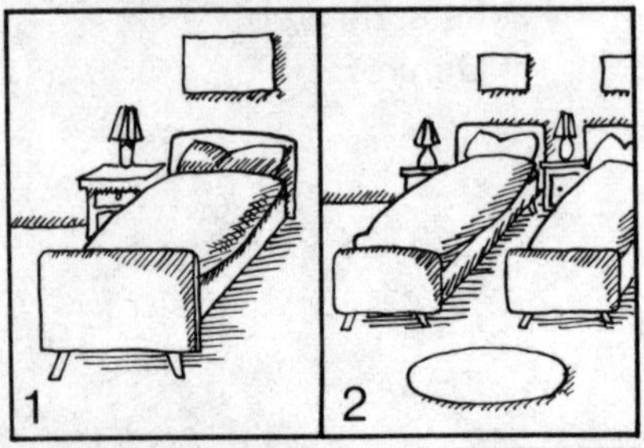

Portier: Möchten Sie ein Doppelzimmer oder Einzelzimmer?
Gäste: Ein Doppelzimmer. Was kostet das?
Portier: DM 40,– mit Frühstück.

Gäste: Hat es ein Bad?
Portier: Nein, aber es hat eine Dusche.
Gäste: Gut, wir nehmen es.

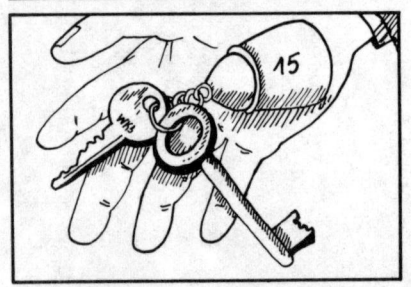

Portier: Hier sind Ihre Schlüssel. Das ist der Haustürschlüssel und das ist der Zimmerschlüssel.
Gäste: Welches Zimmer haben wir?
Portier: Zimmer Nummer 15.

Darf ich Ihre Koffer tragen?
Gäste: Ja, bitte. Aber die Tasche nehme ich selbst.

Portier:	So, hier ist Ihr Zimmer.
Gäste:	Wo ist die Toilette, bitte?
Portier:	Da gegenüber.
Gäste:	Vielen Dank.
Portier:	Gute Nacht.

Übungen

Ü 1

Fräulein, ich hätte gern die Speisekarte!
. . . . , ... ein Glas Bier!
. . . . , ... ein Glas Wein!
. . . . , ... die Rechnung!

Ü 2

Herr Ober, ich hätte gern die Speisekarte!
. . . . , ... ein Glas Bier!
. . . . , ... ein Glas Wasser!
. . . . , ... die Rechnung!

Ü 3

Was möchten Sie, Herr Kaufmann?   Ich möchte einen Schweinebraten.
. . . . , Herr Meier?   . . . . Kalbsbraten.
. . . . , Herr Hoffmann?   . . . . Rinderbraten.

Ü 4

Was essen Sie, Herr Richter?   Ich esse ein Schnitzel.
. . . . , Herr Weber?   . . . . Kotelett.
. . . . , Herr Becker?   . . . . Fischfilet.

Ü 5

Was nehmen Sie, Frau Richter?   Ich nehme eine Gulaschsuppe.
. . . . , Frau Weber?   . . . . Bratwurst.
. . . . , Herr Becker?   . . . . Fleischbrühe mit Ei.

Übungen

Ü 6
Was ißt Herr Richter? — Er ißt ein Schnitzel.
. . . . . Herr Meier? — . . . . . Kalbsbraten.
. . . . . Frau Weber? — . . . . . Bratwurst.

Ü 7
Was nimmt Herr Kaufmann? — Er nimmt einen Schweinebraten.
. . . . Herr Becker? — . . . . Fischfilet.
. . . . Frau Becker? — . . . . Fleischbrühe mit Ei.

Ü 8
Ich nehme einen Kalbsbraten. Sie auch? — Nein, ich esse keinen Kalbsbraten, ich nehme lieber einen Rinderbraten.

Ich nehme einen Schweinebraten. Sie auch? — Nein, ich esse . . . . ich nehme lieber . . . . Kalbsbraten.

Ich nehme einen Rinderbraten. Sie auch? — Nein, ich esse . . . . ich nehme lieber . . . . Schweinebraten.

Ü 9
Ich nehme ein Rumpsteak. Sie auch? — Nein, ich esse kein Rumpsteak, ich nehme lieber ein Schnitzel.

Ich nehme ein Schweinekotelett. Sie auch? — Nein, ich esse . . . . ich nehme lieber . . . . . Fischfilet.

Ich nehme ein Fischfilet. Sie auch? — Nein, ich esse . . . . , ich nehme lieber . . . Rumpsteak.

Ü 10
Ich nehme eine Fleischbrühe. Sie auch? — Nein, ich esse keine Fleischbrühe, ich nehme lieber eine Bratwurst.

Ich nehme eine Gulaschsuppe. Sie auch? — Nein, ich esse . . . . , ich nehme lieber . . . Fleischbrühe.

Ich nehme eine Bratwurst. Sie auch? — Nein, ich esse . . . . , ich nehme lieber . . Gulaschsuppe.

Ü 11

Möchten Sie kein Bier mehr?   Doch, ich habe Durst.
.... keinen Wein .... ?   Doch, ...
.... keinen Tee ..... ?   Doch, ...
Möchten Sie keine Pommes frites mehr?   Doch, ich habe noch Hunger.
.... keinen Reis ...... ?   Doch, ...
.... kein Brot .... ?   Doch, ...

Ü 12

Herr Ober, wann bekomme ich meinen Schweinebraten?
                          Ihr Schweinebraten kommt sofort.
......,.......... meinen Kaffee?
                          Ihr ....
......,.......... mein Schnitzel?
                          Ihr ....
......,.......... mein Rumpsteak?
                          Ihr ....
......,.......... meine Bratwurst?
                          Ihre ....
......,.......... meine Gulaschsuppe?
                          Ihre ....

Ü 13

Fräulein, wann bringen Sie meinen Kalbsbraten?
                        Ihren Kalbsbraten bekommen Sie sofort.
....,......... meinen Rinderbraten?
                        Ihren ....
....,......... mein Fischfilet?
                        Ihr ....
....,......... mein Rumpsteak?
                        Ihr ....
....,......... meine Bratwurst?
                        Ihre ....
....,......... meine Fleischbrühe?
                        Ihre ....

Ü 14

Trinken Sie noch ein Bier? — Nein, es ist schon spät. Ich muß ins Büro.

.... einen Wein? — Nein, ... nach Hause.

.... einen Kaffee? — Nein, ... zur Arbeit.

.... etwas? — Nein, ... ins Geschäft.

Ü 15

Es gibt leider keinen Espresso. — Na ja, dann nehme ich einen Cognac.

.... keinen Fisch. — Na ja, ... einen Schweinebraten.

.... kein Schnitzel. — Na ja, ... ein Fischfilet.

.... kein Kotelett. — Na ja, ... ein Schnitzel.

.... keine Gulaschsuppe. — Na ja, ... eine Fleischbrühe.

.... keine Bratwurst. — Na ja, ... eine Gulaschsuppe.

Ü 16

Ich habe nur einen Hundertmarkschein. Können Sie wechseln? — Ja, das geht.

.... einen Fünfzigmarkschein.
................? — .., ...

.... einen Fünfhundertmarkschein.
................? — .., ...

.... einen Tausendmarkschein.
................? — .., ...

Ü 17

Wo ist mein Schlüssel?   Ihr Schlüssel ist hier.
Wo ist meine Tasche?   . . . .
Wo ist mein Koffer?   . . . .
Wo ist mein Buch?   . . . .
Wo ist meine Zeitung?   . . . .

Ü 18

Wo sind meine Schlüssel?   Ihre Schlüssel sind hier.
Wo sind meine Taschen?   Ihre . . . .
Wo sind meine Koffer?   Ihre . . . .
Wo sind meine Bücher?   Ihre . . . .
Wo sind meine Zeitungen?   Ihre . . . .
Wo sind meine Zigaretten?   Ihre . . . .

Ü 19

Darf ich Ihre Koffer nehmen?   Nein danke, ich nehme sie selbst.
. . . . . Ihre Taschen . . . . ?   . . . . , ... sie . . . .
. . . . . Ihre Bücher . . . . ?   . . . . , ... sie . . . .
. . . . . Ihre Flaschen . . . . ?   . . . . , ... sie . . . .

Testübungen

T a

einen, ein oder eine?

Was möchten Sie? Ich möchte eine Bratwurst.
. . . . ? . . . . Flasche Wein.
. . . . ? . . . . Tasse Tee.
. . . . ? . . . . Einzelzimmer mit Bad.
. . . . ? . . . . Schweinebraten.
. . . . ? . . . . Eis.

T b

keinen, kein oder keine?

Haben Sie Rotwein? Nein, wir haben leider keinen Rotwein.
. . . . . . Weißbrot? . . . . . . , ...
. . . . . . Salami? . . . . . . , ...
. . . . . . Schinken? . . . . . . , ...
. . . . . . Erdbeeren? . . . . . . , ...
. . . . . . Zigaretten? . . . . . . , ...

T c

meinen, mein oder meine? **Ihren, Ihr oder Ihre?**

Wann bringen Sie meinen Schweinebraten? Ihren Schweinebraten bringe ich sofort.
. . . . Bier? . . . .
. . . . Gulaschsuppe? . . . .
. . . . Schnitzel? . . . .
. . . . Bratwurst? . . . .
. . . . Kalbsbraten? . . . .
. . . . Glas Wein? . . . .
. . . . Flasche Wein? . . . .
. . . . Tasse Tee? . . . .
. . . . Kaffee? . . . .
. . . . Eis? . . . .
. . . . Streichhölzer? . . . .

T d

Ich möchte einen Kaffee. Er . . . . einen Tee.
Ich nehme eine Gulaschsuppe. Er . . . . einen Kalbsbraten.
Ich esse ein Schnitzel. Er . . . . eine Bratwurst.
Ich lese die Zeitung. Er . . . . eine Illustrierte.

Bist du nie müde?

– Wo arbeitest du jetzt?
– Ich arbeite bei der Firma Müller & Co.

– Wieviel verdienst du pro Stunde?
– Ich kriege ungefähr 8 Mark 80 brutto.
– Grundlohn?
– Nein, ich arbeite im Akkord.
– Wie lange arbeitest du?
– 10 Stunden am Tag. Ich mache 2 Überstunden.

– Mensch, dann hast du ja kaum Freizeit.
– Da hast du recht. Aber ich mache ja bald Urlaub.
– Wann gehst du denn in Urlaub?
– Im Juli.
– Und wie lange hast du Urlaub?
– Dreieinhalb Wochen.
– Und wohin fährst du?
– Ich fahre nach Málaga.
– Bist du aus Málaga?
– Nein, aber meine Eltern wohnen jetzt da.

– Gehst du noch in die Volkshochschule? Du sprichst nämlich schon ziemlich gut Deutsch.
– Ja. Ich lerne wöchentlich 6 Stunden Deutsch.
– Das ist nicht viel, aber du bleibst ja noch lange hier.

87
– Bist du noch im Fußballverein?
– Natürlich. Ich spiele Fußball,

88
und ich gehe auch jede Woche ins Hallenbad schwimmen.

89
– Gehst du oft ins Kino?
– Das auch.

90
– Sag mal, wann schläfst du eigentlich? Bist du nie müde?
– Warum fragst du?

Übungen

Ü 1

Wo arbeitest du, Peter?　　　　　Ich arbeite bei der Firma Lenz.
.........., Maria?　　　　　　　　............... Müller & Co.
.........., Karl?　　　　　　　　 .... Koch.
.........., Antonio?　　　　　　　............... Baumann AG.
.........., Karin?　　　　　　　　............... Braun G.m.b.H.

Ü 2

Hast du keine Zigaretten mehr?　　Doch, ich habe noch 3 Päckchen.
.... Bier ....?　　　　　　..., ... 2 Flaschen.
.... Käse ....?　　　　　　..., ... Schweizerkäse.
.... Zeit ....?　　　　　　..., ... eine Stunde Zeit.

Ü 3

Wieviel verdienst du pro Stunde?　Ich kriege DM　6,50 brutto.
.... am Tag?　　　　　　 ...... DM　52,–　........
.... in der Woche?　　　　...... DM　350,–　........
.... im Monat?　　　　　 ...... DM 1300,–　........

Ü 4

Wie lange hast du noch Urlaub?　　Einen Monat.
.....................?　　　　　　 Anderthalb Monate.
.....................?　　　　　　 Eine Woche.
.....................?　　　　　　 Zweieinhalb Wochen.
.....................?　　　　　　 Einen Tag.
.....................?　　　　　　 Acht Tage.
.....................?　　　　　　 Vierzehn Tage.

Ü 5

Bist du aus Madrid?　　　　　　　Nein, ich bin aus Barcelona.
.... Rom?　　　　　　　　　 ..., ... Palermo.
.... Frankfurt?　　　　　　　 ..., ... München.
.... Belgrad?　　　　　　　　..., ... Zagreb.

Ü 6

Gehst du zu Fuß in die Stadt?	Nein, ich fahre mit der Straßenbahn.
.... ins Kino?	..., ... Bus.
.... in die Volkshoch-schule?	..., ... Auto.
.... ins Hallenbad?	..., ... U-Bahn.

Ü 7

Wie lange lernst du Deutsch?
Du sprichst nämlich schon ziemlich gut.   6 Monate.

.... Türkisch?
....
.... Griechisch?
....
.... Italienisch?
....
.... Spanisch?
....
.... Französisch?
....

Ü 8

Wann fährst du in Urlaub?	Im Januar.
Und du, wann fährst du in Urlaub?	. . Februar.
......,........?	. . März.
......,........?	. . April.
......,........?	. . Mai.
......,........?	. . Juni.
......,........?	. . Juli.
......,........?	. . August.
......,........?	. . September.
......,........?	. . Oktober.
......,........?	. . November.
......,........?	. . Dezember.

Sind Sie der neue Mitarbeiter?

Meister: Guten Tag! Sie sind der neue Mitarbeiter, nicht wahr?

Herr Papas: Ja. Mein Name ist Papas.

Meister: Haben Sie Ihre Lohnsteuerkarte und Ihre Arbeitserlaubnis mit?

Herr Papas: Ja, die habe ich hier.

Lohnsteuerkarte 1973

Gemeinde **62 Wiesbaden**, Gustav-Freytag-Str. 10
AGS 43 116 000

Finanzamt **62 Wiesbaden**, Mainzer Str. 35
Schlüssel-Nr. 943

*Geburtsdatum
*5.2.39

Taubenstr. 8
6200 Wiesbaden

I. Steuerklasse und Familienstand (Zahlen in Worten)
a) ev
c) eins
d) 1d
e) keine

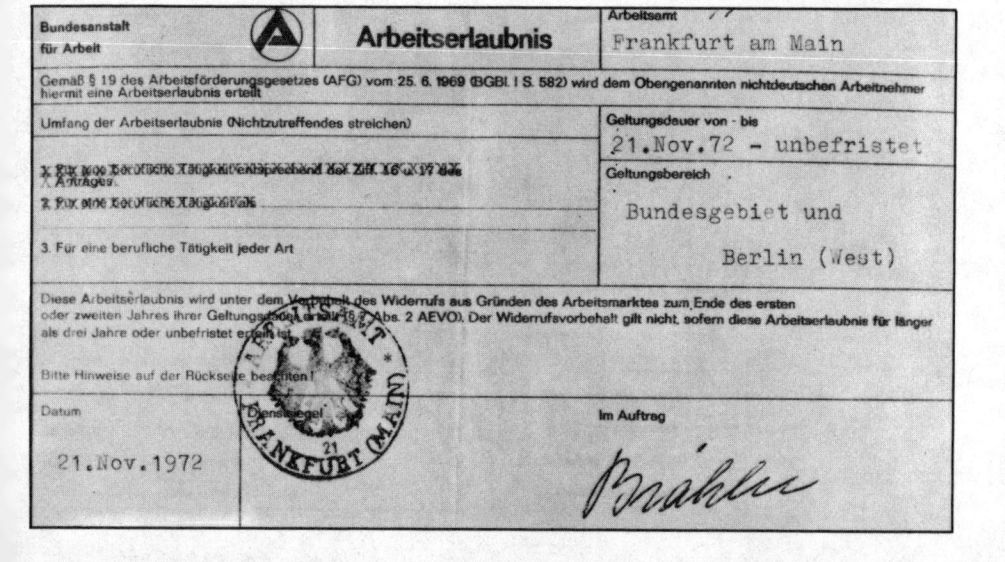

Bundesanstalt für Arbeit — Arbeitserlaubnis

Arbeitsamt Frankfurt am Main

Gemäß § 19 des Arbeitsförderungsgesetzes (AFG) vom 25. 6. 1969 (BGBl. I S. 582) wird dem Obengenannten nichtdeutschen Arbeitnehmer hiermit eine Arbeitserlaubnis erteilt.

Umfang der Arbeitserlaubnis (Nichtzutreffendes streichen)

1. ~~Für eine berufliche Tätigkeit entsprechend der Ziff. 16 x 19 des Antrages.~~
2. ~~Für eine berufliche Tätigkeit als~~
3. Für eine berufliche Tätigkeit jeder Art

Geltungsdauer von - bis: 21. Nov. 72 - unbefristet

Geltungsbereich: Bundesgebiet und Berlin (West)

Diese Arbeitserlaubnis wird unter dem Vorbehalt des Widerrufs aus Gründen des Arbeitsmarktes zum Ende des ersten oder zweiten Jahres ihrer Geltungsdauer erteilt (§ Abs. 2 AEVO). Der Widerrufsvorbehalt gilt nicht, sofern diese Arbeitserlaubnis für länger als drei Jahre oder unbefristet erteilt ist.

Bitte Hinweise auf der Rückseite beachten!

Datum: 21. Nov. 1972

Im Auftrag: Brähler

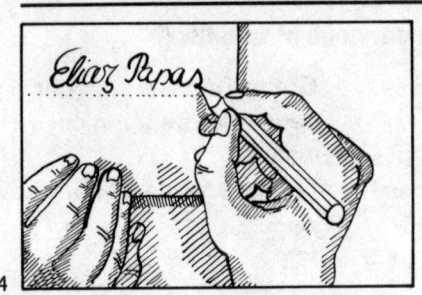

	Meister:	Gut. Dann gehen Sie bitte ins Personalbüro. Dort zeigen Sie Ihre Papiere und unterschreiben den Arbeitsvertrag. Dann kommen Sie zurück.
	Herr Papas:	Und wo ist das Personalbüro?
	Meister:	Oben, im dritten Stock.

EINHEIT V / Teil 3

Familienname:	Papas
Vorname:	Elias
Geburtsdatum:	10. 5. 1945
Geburtsort:	Saloniki

Staatsangehörigkeit:	griechisch
Religion:	griechisch-orthodox
Familienstand:	verheiratet
Zahl der Kinder:	3

Wie ist Ihr Familienname?

Sekretärin: Wie ist Ihr Familienname?
Herr Papas: Papas.
Sekretärin: Wie ist Ihr Vorname?
Herr Papas: Elias.
Sekretärin: Wann sind Sie geboren?
Herr Papas: Am 10. 5. 1945 (am zehnten fünften neunzehnhundertfünfundvierzig).
Sekretärin: Wo sind Sie geboren?
Herr Papas: In Saloniki.

Sekretärin: Ihre Staatsangehörigkeit?
Herr Papas: Ich bin Grieche.
Sekretärin: Ihre Religion.
Herr Papas: Griechisch-orthodox.
Sekretärin: Sind Sie ledig oder verheiratet?
Herr Papas: Verheiratet.
Sekretärin: Wie heißt Ihre Ehefrau?
Herr Papas: Wassia Papas.
Sekretärin: Haben Sie Kinder?
Herr Papas: Ja, drei.
Sekretärin: Was sind Sie von Beruf?
Herr Papas: Schlosser.

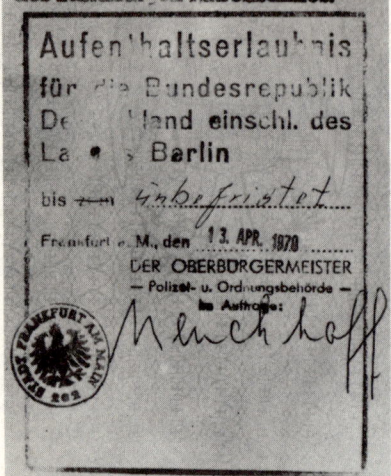

Sekretärin:	Haben Sie Ihre Lohnsteuerkarte und die Arbeitserlaubnis mit?
Herr Papas:	Hier, bitte.
Sekretärin:	Und Ihre Aufenthaltserlaubnis?
Herr Papas:	Ja, hier ist mein Paß.

EINHEIT V / Teil 4

Das ist Ihr Arbeitsplatz

Eine halbe Stunde später kommt
Herr Papas zurück.

Meister: Das hier ist Ihr Schrank.
Der Duschraum ist da
gegenüber.

Die Kantine ist unten im
Erdgeschoß. Jetzt gehen
wir zum Arbeitsplatz.
Kommen Sie bitte.

Meister: Das ist Herr Papas,
der neue Mitarbeiter.
Das ist Herr Bauer,
Ihr Vorarbeiter.
Vorarbeiter: Guten Tag.
Herr Papas: Guten Tag.

Vorarbeiter: Hier sind Ihre Werk-
zeuge. Da sind Ihr
Hammer, Ihre Feile,
Ihre Zange und Ihr Zoll-
stock. Und vergessen
Sie Ihren Schutzhelm
nicht!

Übungen

Ü 9

Haben Sie Ihren Paß mit?   Ja, den habe ich hier.
. . . . Lohnsteuerkarte . . . ?   Ja, ...
. . . . Arbeitserlaubnis . . . ?   Ja, ...
. . . . Papiere . . . ?   Ja, ...

Ü 10

Wo ist das Personalbüro?   Oben im dritten Stock.
. . . . die Kantine?   . . . . . siebten . . . .
. . . . der Duschraum?   Unten im ersten . . . .
. . . . der Raum 212?   . . . . zweiten . . . .

Ü 11

Woher kommen Sie?   Aus Rom.
Sind Sie auch in Rom geboren?   Ja, ich bin auch da geboren.
Woher kommen Sie?   Aus Paris.
. . . . ?   Ja, ...
Woher kommen Sie?   Aus Madrid.
. . . . ?   Ja, ...

Ü 12

Woher kommen Sie?   Aus Belgrad.
Sind Sie auch in Belgrad geboren?   Nein, in Zagreb.
Woher kommen Sie?   Aus Saloniki.
. . . . ?   Nein, in Athen.
Woher kommen Sie?   Aus Genf.
. . . . ?   Nein, in Bern.

Ü 13

1910   Neunzehnhundertzehn
1920   . . . .
1945   . . . .
1950   . . . .
1973   . . . .

Ü 14

Wann sind Sie geboren?	Am 4. (vierten) 1. (ersten) 1910
. . . . ?	Am 7. 2. 1928
. . . . ?	Am 26. 3. 1946
. . . . ?	Am 28. 4. 1951

Ü 15

Wann geht Herr Alonso ins Personalbüro?	Um 9 Uhr.
Und wann kommt er zurück?	Eine halbe Stunde später.
Wann fährt Herr Becker nach Hannover?	Am 2. April.
. . . . ?	Einen Tag . . . .
Wann fliegt Herr Papas nach Griechenland?	Am 4. Juni.
. . . . ?	Eine Woche . . . .
Wann geht Herr Alonso in Urlaub?	Im September.
. . . . ?	Einen Monat . . . .

EINHEIT V / Teil 5

Meine Lohnabrechnung stimmt nicht.

Herr Alonso:	Guten Tag, Herr Schmidt.
Herr Schmidt:	Guten Tag, Herr Alonso. Was wünschen Sie?
Herr Alonso:	Meine Lohnabrechnung stimmt nicht. Der Nettolohn ist 20 Mark zu niedrig.
Herr Schmidt:	Zeigen Sie mir bitte Ihre Lohnabrechnung. Einen Augenblick. Ich prüfe sie.

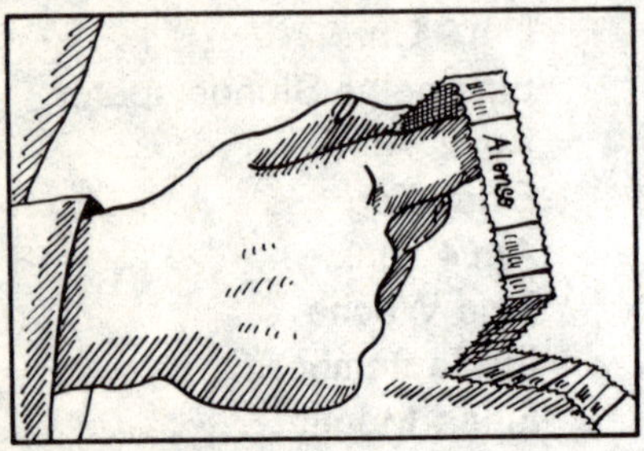

Bruttolohn: DM 1400,–
 (vierzehnhundert)
Abzüge:
Lohnsteuer
(III/2) DM 140,–
Kirchen-
steuer: DM 14,–
Sozialversicherung
und Kranken-
kasse: DM 205,–
Sonstige Abzüge
(Vor-
schuß): DM 200,–
Gesamt-
abzüge: DM 559,–
Nettolohn: DM 821,–

Das macht aber DM 841,–, und hier auf der Abrechnung steht nur DM 821,–. Sie haben recht. Es fehlen DM 20,–.

Herr Alonso: Am Freitag bekommen Sie Ihr Geld.
Vielen Dank.
Auf Wiedersehen.

Übungen

Ü 16

Zeigen Sie mir bitte Ihre Lohnabrechnung!   Die habe ich leider nicht mit.
. . . . Paß!   . . . .
. . . . Arbeitserlaubnis!   . . . .

Ü 17

Wieviel verdient Herr Alonso brutto?   1400,– Mark.
Wieviel verdient er netto?   . . . .
Wieviel Lohnsteuer bezahlt er?   . . . .
Wieviel Kirchensteuer bezahlt er?   . . . .
Wieviel Gesamtabzüge hat er?   . . . .
Wieviel Geld fehlt noch?   . . . .

EINHEIT V / Teil 6

Vergiß deine Essenmarken nicht!

Peter: Du, Michael, hast du schon deine Stechkarte?
Michael: Nein, noch nicht. Ich gehe und hole sie.

Peter: Und vergiß deine Essenmarken nicht.
Michael: Nein, die vergesse ich nicht. Bis gleich.

Sekretärin: Ist das der Arbeitsplatz von Herrn Bender?
Peter: Ja, das ist sein Arbeitsplatz.
Sekretärin: Und wo ist er jetzt?
Peter: Er ist einen Moment weg. Er holt nur seine Stechkarte und seine Essenmarken.
Sekretärin: Ich bringe hier seine Papiere.

Karin: Du, Inge, hast du schon deine Stechkarte?
Inge: Nein, noch nicht. Ich gehe und hole sie.

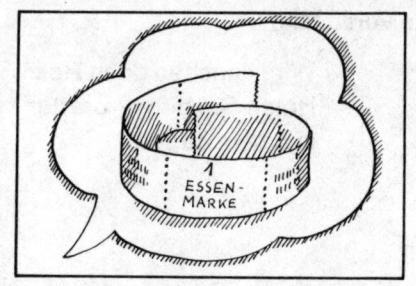

Karin: Und vergiß deine Essenmarken nicht.
Inge: Nein, die vergesse ich nicht. Bis gleich.
Sekretärin: Ist das der Arbeitsplatz von Frau Bachmann?
Karin: Ja, das ist ihr Arbeitsplatz.
Sekretärin: Und wo ist sie jetzt?
Karin: Sie ist einen Moment weg. Sie holt nur ihre Stechkarte und ihre Essenmarken.
Sekretärin: Ich bringe hier ihre Papiere.

Übungen

Ü 18

Vergiß deine Tasche nicht!	Wo ist die denn?	Sie ist hier.
.... Stechkarte ...... !	.... ?	....
.... Schutzhelm ..... !	.... ?	....
.... Essenmarken .... !	.... ?	....
.... Werkzeug ...... !	.... ?	....

Ü 19

Ist das der Arbeitsplatz
von Herrn Bender?   Ja, das ist sein Arbeitsplatz.
.... Schrank .... ?   Ja, ...
.... Arbeitskollegin .... ?   Ja, ...
.... Frau .... ?   Ja, ...
Sind das die Papiere .... ?   Ja, ...
.... Essenmarken .... ?   Ja, ...

Ü 20

Ist das der Arbeitsplatz von
Frau Bachmann?   Ja, das ist ihr Arbeitsplatz.
.... Schrank .... ?   Ja, ...
.... Arbeitskollege .... ?   Ja, ...
.... Mann .... ?   Ja, ...
Sind das die Papiere .... ?   Ja, ...
.... Essenmarken .... ?   Ja, ...

EINHEIT V / Teil 7

Seien Sie vorsichtig!

Meister: Wir brauchen noch Holz. Holen Sie bitte 2 Bretter aus dem Lager.

Arbeiter: Welche Maße?
Meister: 2 Meter lang, 12 Zentimeter breit und 35 Millimeter stark.

Arbeiter: Hier sind die Bretter.

Meister: Und jetzt schneiden Sie bitte die Platte hier in vier Teile. Aber seien Sie vorsichtig. Vergessen Sie die Schutzbrille nicht.

Ü 21

Wie lang ist die Platte? Sie ist 1 m lang.
Wie breit . . . . ? . . . . 50 cm . . . .
Wie stark . . . . ? . . . .   3 mm . . . .

Ü 22

Wie hoch ist der Schrank? . . . . (2 m)
Wie breit . . . . ? . . . . (1,20 m)
Wie tief . . . . ? . . . . (60 cm)

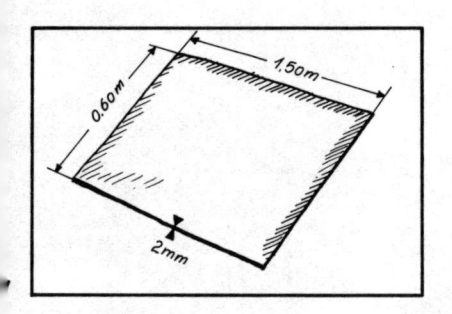

Ü 23

Die Platte ist . . . .
. . . .
. . . .

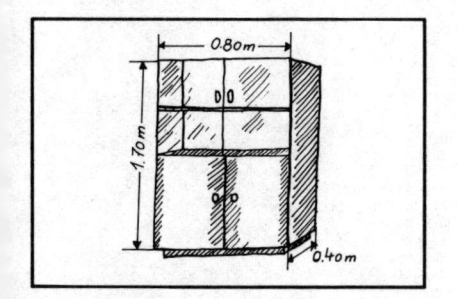

Ü 24

Der Schrank ist . . . .
. . . .
. . . .

EINHEIT V / Teil 8

Hallo Fiffi!

Hallo Fiffi! Komm hierher! Hol den Ball! Aber Achtung, paß auf, da kommt ein Auto! Jetzt, lauf! Bring den Ball! So ist's fein! Und jetzt sei brav! Bleib hier! So.

TEST I (Einheiten I bis V)

1. der, den, das oder die?

a Wer ist . . . ? . . . ist Herr Alonso.
b Wo ist . . . Käse?
c Nehmen wir . . . Äpfel da?
d Ich hätte gern . . . Speisekarte.
e Was kostet . . . Stadtplan?
f Vergessen Sie . . . Paß nicht!
g Zeigen Sie mir bitte . . . Lohnabrechnung!
h Holen Sie bitte . . . Brett aus dem Lager!

2. einen, ein oder eine?

a Ich brauche . . . . . Radiergummi.
b Was kostet . . . . . Pfund Erdbeeren?
c Was möchten Sie? . . . . . Stadtplan.
d Nehmen wir . . . . . Flasche Rotwein?
e Was gibt's denn? . . . . . Krimi.
f Wir haben noch . . . . . Stunde Zeit.
g Hier ist . . . . . Hundertmarkschein.
h Fräulein, ... Bier, bitte!
i Essen Sie auch . . . . . Schweinebraten?

3. keinen, kein oder keine?

a Trinken Sie . . . . . . Bier mehr?
b Haben Sie . . . . . . Hunger?
c Haben Sie . . . . . . Milch mehr?
d Wir brauchen . . . . . . Brot.
e Es gibt heute . . . . . . Weintrauben.
f Nehmen Sie . . . . . . Kaffee?
g Ich habe leider . . . . . . Kleingeld.
h Ich habe . . . . . . Streichhölzer.

4. nicht oder kein?

a Er ist noch . . . . . da.
b Ich habe . . . . . Geld.
c Sind Sie . . . . . Herr Bender?
d Ich wohne . . . . in Frankfurt.
e Ich habe . . . . . Zeit.
f Er geht heute . . . . . ins Kino.
g Ich möchte . . . . . Stadtplan, ich brauche ein Wörterbuch.

5. er, es, sie oder Sie?

a Wie heißen . . . ?
b Ist die Milch frisch?   Ja, . . . ist frisch.
c Ist das Bier kalt?   Ja, . . . ist kalt.
d Wie alt ist Frau Rocco?   . . . ist 40 Jahre alt.
e Woher kommt Herr Soto?   . . . kommt aus Spanien.
f Sind die Äpfel heute teuer?   Ja, . . . sind ziemlich teuer.
g Wohin fährt Antonio?   . . . fährt nach Madrid.

6.

a Wieviel . . . . er pro Stunde?
- O verdient
- O gibt
- O macht

b Wo . . . . Sie jetzt? Bei der Firma Müller.
- O kommen
- O arbeiten
- O gehen

c Wann . . . . du Urlaub?
- O gehst
- O machst
- O fährst

d . . . . . Sie mir Ihre Papiere.
- O möchten
- O kaufen
- O zeigen

e . . . . . du zu Fuß nach Hause?
- O gehst
- O fährst
- O machst

f Ich . . . . 100 Gramm Schinken.
- O verdiene
- O hätte gern
- O mache

g Was . . . . . . das Pfund Weintrauben?
- O ist
- O kostet
- O hat

h Das . . . . . zusammen DM 28,30.
- O ist
- O braucht
- O macht

i . . . . du Deutsch?   O machst
                                                          O bist
                                                          O sprichst

j Wieviel . . . . 2 und 3?   O hat
                                                          O sind
                                                          O ist

k Wann sind Sie . . . .? Am 10. 5. 1945.   O müde
                                                          O geboren
                                                          O frisch

l Verzeihung, wie . . . . . ich zur Rheinbrücke?   O halte
                                                          O wohne
                                                          O komme

m Sie . . . . . . mit der Straßenbahn.   O gehen
                                                          O fahren
                                                          O nehmen

7.

a Ich arbeite bei der Firma Müller & Co.   Wo . . . . du?
b Ich verdiene DM 8,– pro Stunde.   Wieviel . . . . du?
c Ich gehe im Juli in Urlaub.   Wann . . . . . du in Urlaub?
d Ich habe drei Wochen Urlaub.   Wie lange . . . . . . du Urlaub?
e Ich fahre nach Jugoslawien.   Wohin . . . . . . du?
f Ich spreche Deutsch.   . . . . du auch Deutsch?
g Ich lerne viel.   . . . . . . du auch viel?
h Ich bin 30 Jahre alt.   Wie alt . . . . du?
i Ich schlafe nie.   Wie lange . . . . du?

8.

a sein   Wie spät . . . es?
b kaufen   Er . . . . . ein Päckchen Zigaretten.
c haben   Wie lange . . . . . Sie Urlaub?
d fahren   Wohin . . . . . er?
e kommen   Wie . . . . . ich zum Flughafen?
f halten   Wo . . . die Straßenbahn?
g gehen   . . . . wir zu Fuß nach Hause?
h haben   Ich . . . . Durst.
i sein   Wie alt . . . . du?
j beginnen   Wann . . . . der Unterricht?
k sein   Wo . . . . meine Streichhölzer?
l geben   Was . . . . es im Kino?

9. zu, zum, zur, nach, mit dem oder mit der?

a Wie komme ich . . . Bahnhof? Am besten . . . . . . Bus.
b Wie komme ich . . . Rheinstraße? Am besten . . . . . . Fuß.
c Wie komme ich . . . Athen? Am besten . . . . . . Flugzeug.
d Wie komme ich . . . Post? Am besten . . . . . . Straßenbahn.
e Wie komme ich . . . Bonn? Am besten . . . . . . Zug.
f Wie komme ich . . . Marktplatz? Am besten . . . . . . U-Bahn.

10. am, an der, im oder um?

a Er fährt . . . September nach Jugoslawien.
b Seine Schicht beginnt . . . 6.00 Uhr.
c Bist du . . . Juli geboren?
d Sie ist . . . 1. 6. 1950 geboren.
e Das Personalbüro ist . . . dritten Stock.
f Ich fahre . . . Montag nach Hamburg.
g Die Straßenbahn hält . . . . . . Marktkirche.

11. in, ins, in die, nach oder aus?

a Sind Sie . . . Rom geboren?
b Fahren Sie heute . . . . Stadt?
c Sind Sie . . . Athen?
d Gehen Sie schon . . . . Hause?
e Fahren Sie . . . . London?
f Kommen Sie . . . Athen?
g Gehen Sie jetzt . . . Kino?

12.
Wann bist du geboren?   . . . 2. 5. 1940.
 . . . 16. 11. 1954.
 . . . 27. 3. 1949.

13. mein, dein, sein, ihr oder Ihr?

a Du, Michael, sind das . . . . . Zigaretten?
b Ist das die Zeitung von Herrn Bender? Ja, das ist . . . . . Zeitung.
c Bitte zeigen Sie mir . . . . . Paß. Ich habe . . . . . . Paß leider nicht mit.
d Ist das die Tasche von Frau Bachmann? Ja, das ist . . . . Tasche.
e Bring mir bitte . . . . . Stechkarte mit!
f Ist das der Arbeitsplatz von Herrn Becker? Ich bringe hier . . . . Papiere.
g Ist das der Arbeitsplatz von Fräulein Roth? Ich bringe hier . . . . Essenmarken.
h Herr Ober, wann kommt . . . . Schnitzel? . . . Schnitzel kommt sofort.

14.

a Ich fahre heute abend nach Berlin.
   Heute abend . . . . nach Berlin.
b Sie gehen am besten zu Fuß.
   Am besten . . . . zu Fuß.
c Möchten Sie kein Bier mehr?
   Doch, ... noch ein Bier.
d Fahren Sie in die Stadt?
   Ja, ... in die Stadt.
e Es gibt heute Schweinebraten mit Kartoffeln.
   Heute . . . . Schweinebraten mit Kartoffeln.
f Ich habe leider kein Wörterbuch.
   Leider . . . . kein Wörterbuch.
g Ich gehe um 8 Uhr ins Kino.
   Um 8 Uhr . . . . ins Kino.

15.

a Wie ist Ihr Familienname? . . . .
b Wie ist Ihr Vorname? . . . .
c Wann sind Sie geboren? . . . .
d Wo sind Sie geboren? . . . .
e Ihre Staatsangehörigkeit? . . . .
f Ihre Religion? . . . .
g Sind Sie ledig? . . . .
h Sind Sie verheiratet? . . . .
i Wie heißt Ihr Ehemann? . . . .
j Wie heißt Ihre Ehefrau? . . . .
k Wieviel Kinder haben Sie? . . . .
l Wie alt sind Sie? . . . .
m Wo wohnen Sie? . . . .
n Wo arbeiten Sie? . . . .
o Was sind Sie von Beruf? . . . .
p Wie lange sind Sie in der BRD? . . . .

EINHEIT VI / Teil 1

Ich möchte Geld ins Ausland überweisen. Wie geht das?

– Ich möchte Geld nach Italien schicken.
– Sie müssen eine Auslandspostanweisung ausfüllen. Hier haben Sie eine.

– Ich kann sie leider nicht ausfüllen. Wie geht das?
– Ich kann Ihnen gleich helfen, aber Sie müssen einen Moment warten.
  Ich muß erst den Kunden hier bedienen.

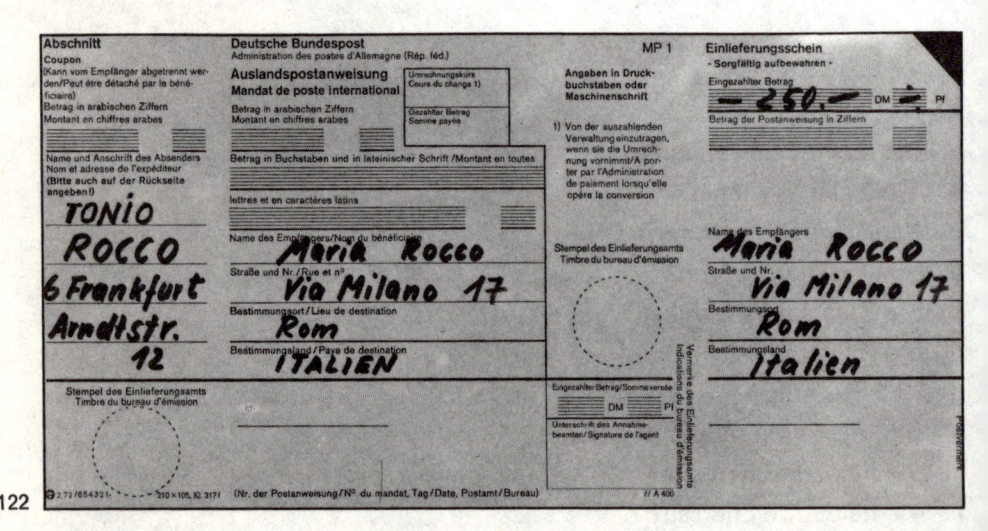

Hier links steht: Absender. Dahin schreiben Sie Ihren Namen und Ihre Anschrift. Hier in der Mitte und rechts steht: Empfänger. Wer soll das Geld bekommen?
– Meine Frau: Maria Rocco
     Via Milano 17
     Rom
     Italien

- Gut, den Namen und die Adresse schreiben Sie hierhin. Wieviel Geld wollen Sie überweisen?
- DM 250,-.
- Den Betrag in DM schreiben Sie hier oben hin. Den Betrag muß ich erst in Lire umrechnen. Aber das schreibe ich selbst.
So, da hätten wir es.

- Vielen Dank. Jetzt weiß ich Bescheid. Das nächste Mal kann ich die Anweisung allein ausfüllen.
- Nichts zu danken.

EINHEIT VI / Teil 2

Am Schalter

– Ich habe zwei Briefe nach Jugoslawien. Wieviel kostet ein Brief?
– Die Briefe muß ich erst wiegen. Der kostet DM 0,60 und der DM 1,10.

– Ich brauche noch Briefmarken: eine zu 60, eine zu 50 und fünf zu 40.
– Leider habe ich keine mehr zu 60. Wollen Sie zwei zu 30 nehmen?

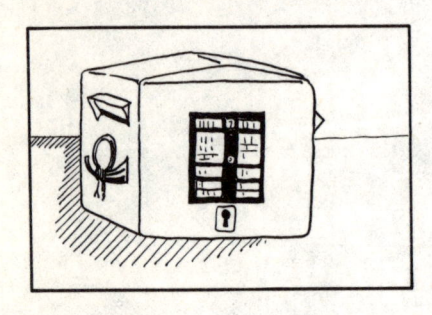

– Ja, bitte. Wo ist hier ein Briefkasten?
– Da gegenüber.

EINHEIT VI / Teil 3

Wie eröffne ich ein Postscheckkonto?

- Ich möchte gern ein Postscheckkonto eröffnen. Kann ich ein Antragsformular bekommen?
- Hier haben Sie eins.
- Ich bin Ausländer, muß ich noch andere Papiere mitbringen?
- Ja, Ihren Paß und Ihre Aufenthaltsgenehmigung.

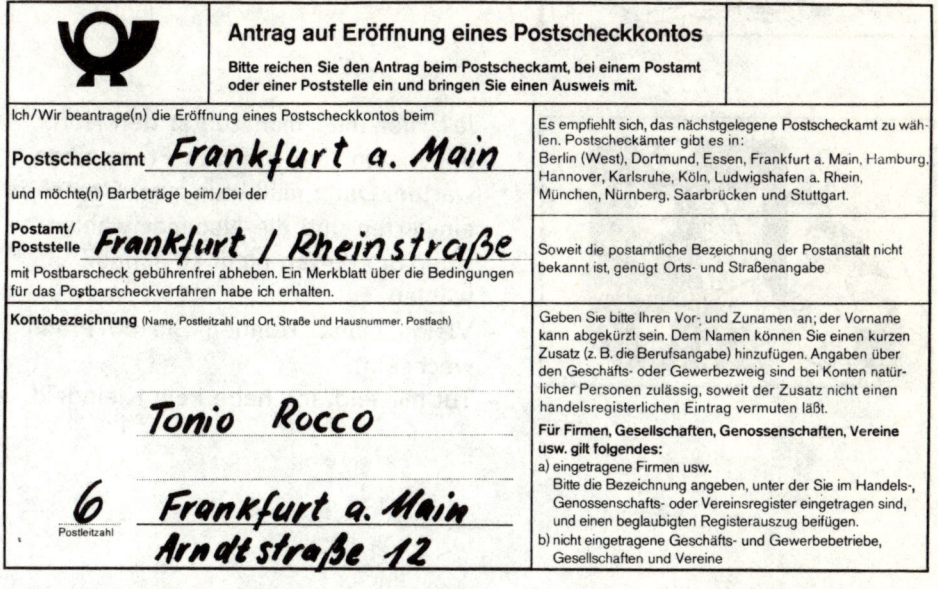

Antrag auf Eröffnung eines Postscheckkontos

Bitte reichen Sie den Antrag beim Postscheckamt, bei einem Postamt oder einer Poststelle ein und bringen Sie einen Ausweis mit.

Ich/Wir beantrage(n) die Eröffnung eines Postscheckkontos beim

Postscheckamt *Frankfurt a. Main*

und möchte(n) Barbeträge beim/bei der

Postamt/Poststelle *Frankfurt / Rheinstraße*

mit Postbarscheck gebührenfrei abheben. Ein Merkblatt über die Bedingungen für das Postbarscheckverfahren habe ich erhalten.

Kontobezeichnung (Name, Postleitzahl und Ort, Straße und Hausnummer, Postfach)

Tonio Rocco
6 Frankfurt a. Main
Arndtstraße 12
Postleitzahl

Es empfiehlt sich, das nächstgelegene Postscheckamt zu wählen. Postscheckämter gibt es in:
Berlin (West), Dortmund, Essen, Frankfurt a. Main, Hamburg, Hannover, Karlsruhe, Köln, Ludwigshafen a. Rhein, München, Nürnberg, Saarbrücken und Stuttgart.

Soweit die postamtliche Bezeichnung der Postanstalt nicht bekannt ist, genügt Orts- und Straßenangabe

Geben Sie bitte Ihren Vor- und Zunamen an; der Vorname kann abgekürzt sein. Dem Namen können Sie einen kurzen Zusatz (z. B. die Berufsangabe) hinzufügen. Angaben über den Geschäfts- oder Gewerbezweig sind bei Konten natürlicher Personen zulässig, soweit der Zusatz nicht einen handelsregisterlichen Eintrag vermuten läßt.

Für Firmen, Gesellschaften, Genossenschaften, Vereine usw. gilt folgendes:
a) eingetragene Firmen usw.
   Bitte die Bezeichnung angeben, unter der Sie im Handels-, Genossenschafts- oder Vereinsregister eingetragen sind, und einen beglaubigten Registerauszug beifügen.
b) nicht eingetragene Geschäfts- und Gewerbebetriebe, Gesellschaften und Vereine

---

- Das habe ich hier. Dann möchte ich das Formular gleich ausfüllen. Haben Sie einen Kugelschreiber?
- Ja, hier haben Sie einen.

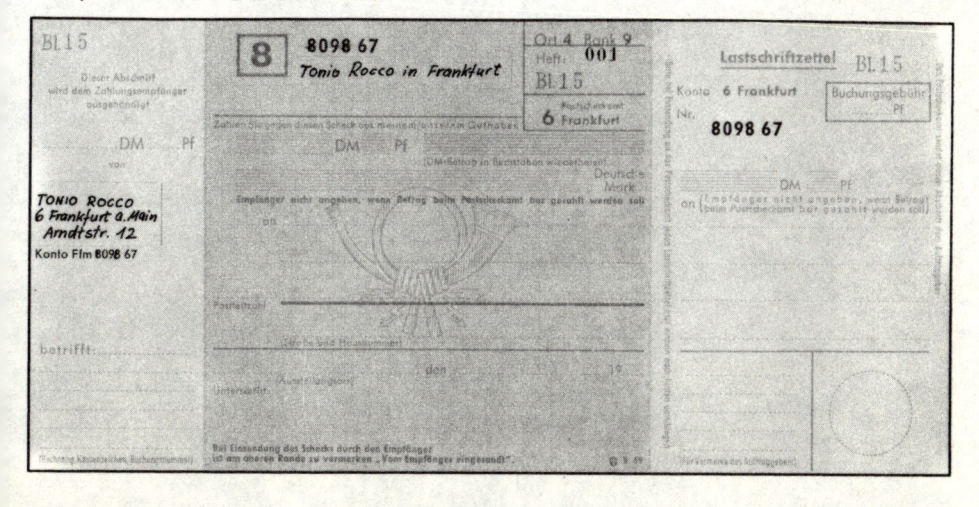

EINHEIT VI / Teil 4

Ich möchte telefonieren

- Sie möchten telefonieren, nicht wahr? Darf ich Ihnen helfen?
- Ja, das ist nett. Bei uns in Frankreich geht das nämlich anders.

- Ja? Hier muß man zuerst den Hörer abnehmen und auf das Freizeichen warten. Dann muß man zwei Groschen einwerfen und die Nummer wählen. Aber Sie dürfen nicht zu schnell wählen.
- Vielen Dank. Können Sie 50 Pfennig wechseln?
- Tut mir leid. Ich habe kein Kleingeld.

EINHEIT VI / Teil 5

Kann ich Herrn Bender sprechen?
- Firma Roth. Guten Tag.

- Ich möchte gern Herrn Bender sprechen.

- Wo arbeitet er?
- In der Schlosserei.
- Ich verbinde. Einen Moment!
  Der Apparat ist besetzt. Wollen Sie einen Augenblick warten?
  Hören Sie? Ich verbinde.

- Otto, Schlosserwerkstatt.
- Guten Tag, Herr Otto. Hier Frau Bender. Ich möchte meinen Mann sprechen. Kann er ans Telefon kommen?
- Ja, ich lasse Ihren Mann sofort rufen.
- Tag, Karin.

– Tag, Karl. Hör mal, bist du heute schon um 4 Uhr zu Hause? Ich muß zum Arzt und die Kinder kommen um 16 Uhr aus der Schule.
– Ja, das klappt, ich bin sowieso früher fertig. Wir machen heute keine Überstunden.
– Tschüs, Karl.

Übungen

Ü 1

Können Sie schwimmen?   Nein, aber ich will es lernen.
. . . . Fußball spielen?   . . ., ...
. . . . Auto fahren?   . . ., ...
. . . . Russisch?   . . ., ...

Ü 2

Können Sie eine Postanweisung ausfüllen?   Nein, das kann ich leider nicht.
. . . . die Maschine hier bedienen?   . . ., ...
. . . . die Platte hier schneiden?   . . ., ...
. . . . DM in Lire umrechnen?   . . ., ...

Ü 3

Möchtest du nicht ins Kino gehen?
.... schwimmen gehen?
.... in Urlaub fahren?
.... zum Fußballspiel mitkommen?

Doch, aber ich kann nicht. Ich muß noch arbeiten.
..., ... noch zu Hause helfen.
..., ... noch bis Juli warten.
..., ... noch Deutsch lernen.

Ü 4

Ich muß die Postanweisung hier ausfüllen. Wie geht das?
..... die Platte hier schneiden. ....?
..... DM 150,- in Lire umrechnen. ....?
..... Geld nach Hause schicken. ....?

Ich kann Ihnen gleich helfen.
....
....
....

Ü 5

Soll ich Bier kaufen?
..... Fleisch ......?
..... Weißbrot ......?
..... Zigaretten ......?

Nein, ich möchte heute Wein trinken.
..., ... Fisch essen.
..., ... Schwarzbrot essen.
..., ... nicht rauchen.

Ü 6

Wer soll das Geld bekommen?
..... den Vertrag unterschreiben?
..... die Platte schneiden?
..... die Bretter holen?

Meine Frau.
Der neue Mitarbeiter.
Der Lehrling.
Der Meister.

Ü 7

Verzeihung, darf man hier parken?
.........., .. man .. rauchen?
.........., .. man .. Fußball spielen?
.........., .. man .. baden?

Nein, hier ist Parken verboten!
..., ... !
..., ... !
..., ... !

Ü 8

Ich brauche einen Bleistift.	Haben Sie einen?	Ja, hier bitte.
.... Kugelschreiber.	............?	.., ...
.... Radiergummi.	............?	.., ...

Ü 9

Ich brauche ein Formular.	Haben Sie eins?	Ja, aber das brauche ich leider selbst.
.... ein Blatt Papier.	.........?	.., ...
.... ein Markstück.	.........?	.., ...

Ü 10

Ich brauche eine Briefmarke.	Haben Sie eine?	Ja, hier bitte.
.... eine Postanweisung.	...........?	.., ...
.... eine Zange.	.........?	.., ...

Ü 11

Ich brauche Briefmarken.	Haben Sie welche?	Ja, hier bitte.
.... zwei Groschen.	...........?	.., ...
.... Streichhölzer.	...........?	.., ...

Ü 12

Haben Sie einen Kugelschreiber?	Nein, ich habe leider keinen.
.... Bleistift?	.., ...
.... Markstück?	.., ... keins.
.... Formular?	.., ...
.... Briefmarke?	.., ... keine.
......., Zange?	.., ...
.... Briefmarken?	.., ... keine.
.... Streichhölzer?	.., ...

Ü 13

Wo kann man hier telefonieren?
.... etwas essen?
.... Zigaretten kaufen?
.... ein Postscheckkonto eröffnen?

Ich weiß es nicht. Aber fragen Sie den Herrn da. Er weiß bestimmt Bescheid.
....
die Dame da. ....
....
die Verkäuferin. ....
....
das Fräulein hier. ....

Ü 14

Ich möchte meinen Mann sprechen.
Kann er ans Telefon kommen?
.... Vater ......
Kann er .... ?
.... Frau ......
Kann sie .... ?
.... Mutter .....
Kann sie .... ?

Ja, ich lasse Ihren Mann sofort rufen.

Ja, ... Vater ....

Ja, ... Frau ....

Ja, ... Mutter ....

Ü 15

Ist Ihr Mann da?
.. Herr Alonso ... ?
.. Fräulein Roth ... ?

Nein, er ist im Büro.
........, ... Kino.
........, ... Schwimmbad.

Ü 16

Ist Ihre Frau da?
.. Inge ... ?
.. der Meister ... ?

Nein, sie ist in der VHS.
........, ... Schule.
........, ... Werkstatt.

Ü 17

– Guten Tag! Ich möchte gern Geld abheben.
– Wieviel .... ?
– DM 300,–.
– Sie müssen den Scheck hier ausfüllen.
– Hier bitte.

Ü 18

- Guten Tag! Ich möchte gern Geld einzahlen.
- Wieviel . . . . ?
- DM 100,-.
- Sie müssen den Einzahlungsschein hier . . . .
- Hier bitte.

Ü 19

- Hier Firma Lenz. Guten Tag.
- Ich möchte . . . . mit Frau Alonso . . . .
- Wo . . . .
- In der Personalabteilung.
- Ich verbinde.
- Werner, Personalabteilung.
- Guten Tag, ...
- Sie ist im Moment nicht da. Kann ich etwas ausrichten?
- Ja, bitte sagen Sie, ...
  . . . .
- Gut, ich sage Bescheid.
- Vielen Dank. Auf Wiederhören!

Testübungen

T a

Können, kannst oder kann?

...... Sie heute kommen?
Und Ihre Frau, ... sie auch kommen?
Und du Karl, ... du kommen?

Ja, ich .... kommen.

Nein, sie .... leider nicht kommen.

Ja, heute .... ich kommen.

T b

Wollen, willst oder will?

...... Sie jetzt Urlaub machen?
Und wohin ...... Sie fahren?

Warum ...... du denn nach Spanien fahren, Peter?

Nein, erst im Juli.
Ich .... nach England, aber meine Frau .... nach Österreich, und meine Kinder ...... nach Spanien.

Gisela und ich ...... ans Meer.

T c

Müssen, mußt oder muß?

...... Sie noch arbeiten?

Und Herr Bender, ... er auch Überstunden machen?

Peter, ... du Überstunden machen?

Ja, ich ... heute Überstunden machen.

Ja, er auch. Wir beide ...... heute länger arbeiten.

Nein, heute nicht.

T d

Dürfen, darfst oder darf?

Ich will ins Kino.
Jetzt zeige ich Ihnen das Zimmer.
Das können Sie nicht allein tragen.
Ist hier rauchen verboten?

...... du mitkommen?
...... ich Ihre Koffer tragen?
...... wir Ihnen helfen?
Nein, hier ...... Sie rauchen.

T e

Sollen, sollst oder soll?

. . . . . . ich den Wein holen?   Ja, wir wollen gleich essen.
. . . . . . wir Karten holen?   Ja, wir wollen heute abend ins Theater.
Du . . . . . . ins Personalbüro
kommen. Deine Papiere sind fertig.
Sie . . . . . . die Bretter aus
dem Lager holen. Der Meister braucht sie.

T f

Ich fahre im Juli nach Jugoslawien.   Ich will im Juli nach Jugoslawien fahren.

Wir fahren im August nach Frankreich.   . . . .
Er fährt am 3. 9. nach Marokko.   . . . .
Ich arbeite heute abend zu Hause.   . . . .
Sie geht morgen mittag in die Stadt.   . . . .

T g

Einen, eins, welche oder keine?

Hast du eine Briefmarke?   Tut mir leid, ich habe . . . .
Hast du einen Bleistift?   Ja, ich habe . . . .
Sind Zigaretten da?   Ja, hier sind . . . .
Wer hat ein Feuerzeug?   Ich habe . . . .
Haben Sie Streichhölzer?   Nein, ich habe leider . . . .

Wohnungssuche

Es ist Samstagvormittag. Samstags arbeitet Herr Alonso nicht. Er und seine Frau suchen eine neue Wohnung. Sie kaufen eine Zeitung und lesen die Anzeigen. Es gibt viele Angebote, aber die meisten sind zu teuer.

Frau Alonso: Hör mal! Ich glaube ich habe hier etwas:
Zweizimmerwohnung,
50 qm,
Küche, Bad, Balkon
Miete: DM 250,-
Tel.: 32 06 47

Herr Alonso: Ja, das ist günstig. Hoffentlich ist die Wohnung noch frei.
Frau Alonso: Komm, wir müssen gleich anrufen und fragen.
Frau Arnold: Hier Arnold. Wer ist am Apparat?
Herr Alonso: Mein Name ist Alonso. Sie haben heute eine Annonce in der Zeitung. Ist die Wohnung noch frei?
Frau Arnold: Ja.
Herr Alonso: Wann kann ich die Wohnung besichtigen?

Frau Arnold: Am besten kommen Sie heute nachmittag gegen 16 Uhr vorbei.
Herr Alonso: Gut. Und wie ist Ihre Adresse bitte?
Frau Arnold: Grüneburgstraße 81.

EINHEIT VII / Teil 2

Sie haben Glück. Wir haben Kinder gern

Frau Alonso:	Sieh mal, da ist das Haus.
Herr Alonso:	Wie war noch der Name?
Frau Alonso:	Arnold. Hier müssen wir klingeln.
Herr Alonso:	Guten Tag, Herr Arnold. Mein Name ist Alonso.
Herr Arnold:	Ah, guten Tag, kommen Sie bitte rein. Warten Sie einen Augenblick, ich rufe meine Frau.
Frau Arnold:	Guten Tag. Kommen Sie bitte, die Wohnung ist oben im zweiten Stock. Sie sehen, das Haus hier ist kein Neubau.

Sie müssen die Wohnung noch renovieren.

Der Flur ist nicht groß. Hier links ist das Wohnzimmer. Gegenüber ist die Küche. Nebenan ist das Bad, und dann kommt das Schlafzimmer. Kommen Sie, hier ist der Balkon. Hier haben Sie nachmittags immer Sonne.

Herr Alonso:	Ja, die Wohnung ist alt aber sehr schön. Ich glaube, wir nehmen sie.
Frau Arnold:	Haben Sie Kinder?
Frau Alonso:	Ja, wir haben eine Tochter. Sie ist vier Monate alt.
Frau Arnold:	Sie haben Glück. Wir haben Kinder gern.
Herr Alonso:	Das ist gut. Viele Hausbesitzer nehmen gar keine Mieter mit Kindern, und oft wollen sie keine Ausländer.
Frau Arnold:	Ja, ja, viele Leute haben Vorurteile.

EINHEIT VII / Teil 3

Wie hoch ist die Miete?

Herr Alonso:	Können wir den Mietvertrag gleich haben?
Frau Arnold:	Ja. Sie können ihn sogar gleich unterschreiben.
Herr Alonso:	Aber erst muß ich ihn lesen.
Frau Arnold:	Ja, bitte sehr. Die Miete beträgt monatlich DM 250,–. Die Heizungskosten betragen monatlich DM 30,– und die Nebenkosten DM 25,–.

Mietvertrag

Vermieter:
Herr Klaus Arnold
Mieter:
Herr Antonio Alonso
Miete:
DM 250,– monatlich
Umlagen: DM 25,–
(Wassergeld, Müllabfuhr usw.)
Heizung: DM 30,–

Frau Alonso:	Müssen wir eine Kaution zahlen?
Frau Arnold:	Ich verlange keine Kaution, aber zahlen Sie die Miete pünktlich. Können Sie jetzt einen Mietvorschuß von DM 200,– zahlen? Der Rest hat bis nächste Woche Zeit.
Herr Alonso:	Leider habe ich nur DM 100,– dabei. Den Rest bringe ich morgen vorbei.

Frau Arnold:	Gut. Und wann wollen Sie einziehen?
Herr Alonso:	Nächste Woche. Und wann bekommen wir den Wohnungsschlüssel?
Frau Arnold:	Sie können ihn gleich haben.
Herr Alonso:	Vielen Dank. Bis morgen.

Diskussion

1. Kursusteilnehmer:	Also wissen Sie, so ein Glück kann Familie Alonso nur im Märchen haben.
Kursusleiter:	Wieso?
1. Kursusteilnehmer:	Erstens gibt es so nette Hausbesitzer nicht, zweitens gibt es viel zu wenig billige Wohnungen, und drittens haben nicht einmal Deutsche so ein Glück.
Kursusleiter:	Meinen Sie?
1. Kursusteilnehmer:	Ich weiß es sogar. Ich habe eine Altbauwohnung. Sie ist 50 m² groß. Ich bezahle DM 500,- Miete.
2. Kursusteilnehmer:	Ich bin ledig. Ich habe ein Zimmer. Es ist 16 m² groß. Die Toilette für 10 Personen ist auf dem Flur, und ich bezahle DM 200,- Miete.
3. Kursusteilnehmer:	Und ich . . .
4. Kursusteilnehmer:	Und ich . . .
Kursusleiter:	Dann glauben Sie also die Geschichte von Familie Alonso nicht?
1. Kursusteilnehmer:	Natürlich nicht. Die Wirklichkeit ist anders. Oder wissen Sie das etwa nicht?

EINHEIT VII / Teil 4

Letztes Jahr hat Herr Alonso geheiratet

Herr Alonso ist vor 6 Jahren in die Bundesrepublik gekommen. Er hat erst als Hilfsarbeiter in einer Fabrik in München gearbeitet. Dann ist er nach Hamburg gezogen.

Dort hat er Deutsch gelernt und einen Elektrotechnik-Kursus besucht.

In Hamburg hat er auch Karin Franke kennengelernt.

Letztes Jahr haben sie geheiratet. Vor einem Monat haben Herr und Frau Alonso in der Grüneburgstraße eine neue Wohnung gefunden. Da waren sie sehr glücklich.

EINHEIT VII / Teil 5

Ich habe etwas Gutes zum Essen

Karin: Ach, da bist du ja endlich! Warum kommst du heute so spät nach Hause? Hast du viel Arbeit gehabt?

Antonio: Ja, es hat heute viel Arbeit gegeben, und heute morgen habe ich Pech gehabt. Meine Straßenbahn hatte eine Viertelstunde Verspätung, und da bin ich natürlich zu spät zur Arbeit gekommen. Heute nachmittag bin ich noch in der Stadt gewesen.

Karin: Hast du den Brief an meine Eltern zur Post gebracht?

Antonio: Ja, natürlich. Das habe ich nicht vergessen. Und was hast du gemacht?

Karin: Nach der Arbeit bin ich in die Stadt gegangen und habe einen Schaufensterbummel gemacht.

Antonio:	Dann hast du sicher wieder nichts gegessen?
Karin:	Doch, eine Bratwurst, aber heute abend gibt es etwas Gutes zum Essen.
Antonio:	Hoffentlich hast du meine Monatskarte für die Straßenbahn gekauft?
Karin:	Nein. Ich hatte nur DM 3,– mit. Ich habe mein Portemonnaie zu Hause gelassen.
Antonio:	Na ja, das ist nicht so schlimm. Ich kann sie morgen selber kaufen.
Karin:	Aber jetzt wollen wir essen. Hast du keinen Hunger?

Ich habe das Leben in der Unterkunft satt

Herr Alonso und Herr Papas besuchen beide einen Deutschkursus für Fortgeschrittene. Nächstes Jahr wollen sie die Zertifikatsprüfung „Deutsch als Fremdsprache" machen. Jetzt ist gerade Pause.

Herr Alonso:	Du, wir haben endlich eine neue Wohnung gefunden.
Herr Papas:	Das freut mich aber. Und wie teuer ist sie?
Herr Alonso:	Für zwei Zimmer, Küche und Bad zahlen wir DM 250,–.
Herr Papas:	Ja, das ist günstig. Ich möchte auch unbedingt ein Zimmer mieten. Ich habe das Leben in der Unterkunft satt.
Herr Alonso:	Ja, da ist es ziemlich unbequem, nicht wahr? Und da kannst du nicht richtig lernen. Die anderen stören dich dauernd.
Herr Papas:	Wenn's nur das wäre! Wir schlafen zu sechst in einem Zimmer, und zwei von uns haben immer Nachtschicht. Man kann noch nicht mal richtig schlafen. Wir haben schon protestiert, aber bisher ohne Erfolg.

Herr Alonso:	Vielleicht finden wir was für dich. Meine Frau hat viele Bekannte. Willst du uns am Wochenende nicht mal besuchen?
Herr Papas:	Gern. Und um wieviel Uhr soll ich vorbeikommen?
Herr Alonso:	Du, da muß ich erst meine Frau fragen. Kannst du uns morgen anrufen?
Herr Papas:	Klar. Aber wir müssen wieder in die Klasse. Die Pause ist zu Ende.

Übungen

Ü 1

Es ist Sonntag.   Sonntags arbeitet Herr Alonso nicht.
. . . Montag.   . . . . . . spielt Karl immer Fußball.
. . . Dienstag.   . . . . . . geht Klaus immer schwimmen.
. . . Mittwoch.   . . . . . . hat Herr Müller immer Nachtschicht.
. . . Donnerstag.   . . . . . . kommt Fräulein Roth immer früher nach Hause.
. . . Freitag.   . . . . . . gehen Herr und Frau Koch immer einkaufen.

Ü 2

Wann kann ich die Wohnung besichtigen?   Am besten kommen Sie heute nachmittag vorbei.
. . . . die Essenmarken holen?   . . . . heute mittag . . . . . .
. . . . Ihren Mann sprechen?   . . . . heute abend . . . . . .
. . . . die Miete bezahlen?   . . . . heute nachmittag . . . . . .

Ü 3

Glaubst du, wir finden eine Wohnung?   Ja, es kann sein.
. . . ., die Wohnung ist noch frei?   . . , ...
. . . ., wir können nächste Woche einziehen?   . . , ...
. . . ., die Miete ist zu hoch?   Nein, ich glaube nicht.

Ü 4

Wann bekomme ich den Schlüssel?   Sie können ihn gleich haben.
. . . . den Paß?   . . . .
. . . . den Arbeitsvertrag?   . . . .
. . . . den Mietvertrag?   . . . .

Ü 5

Wann bekomme ich das Geld?   Sie können es gleich haben.
. . . . das Formular?   . . . .
. . . . die Steuerkarte?   . . . . sie . . . .
. . . . die Zeitung?   . . . .
. . . . die Schlüssel?   . . . . sie . . . .
. . . . die Papiere?   . . . .

Ü 6

Wollen Sie den Mietvertrag gleich lesen?   Ja, ich lese ihn gleich.
Wollen Sie den Mietvertrag sofort
unterschreiben?   Ja, ...
Wollen Sie die Wohnung mieten?   Ja, ich möchte sie mieten.
Wollen Sie die Wohnung kaufen?   Ja, ...
Wollen Sie das Schlafzimmer sehen?   Ja, ich möchte es gern sehen.
Wollen Sie das Wohnzimmer sehen?   Ja, ...

Ü 7

Guten Tag, ist Herr Müller da?   Ja, möchten Sie ihn sprechen?
. . . . , . . Herr Alonso . . ?   Ja, ... ?
. . . . , . . Herr Koch . . ?   Ja, ... ?

Ü 8

Guten Tag, ist Frau Müller da?   Ja, möchten Sie sie sprechen?
. . . . , . . . Alonso . . ?   . . , ... ?
. . . . , ... Koch . . ?   . . , ... ?

Ü 9

Kennen Sie Herrn Kaufmann?   Natürlich kenne ich ihn.
    Er ist mein Chef.
. . . . Fischer?   . . . .
    . . . . Vorarbeiter.
. . . . Brandt?   . . . .
    . . . . Kollege.

Ü 10

Kennen Sie Frau Kaufmann?   Natürlich kenne ich sie.
    Sie ist meine Chefin.
. . . . Meier?   . . . .
    . . . . Vorarbeiterin.
. . . . Braun?   . . . .
    . . . . Kollegin.

Ü 11

Wie hoch ist die Miete?
Ich habe leider nicht so viel Geld dabei.
Kann ich den Betrag überweisen?

Sie beträgt DM 500,- monatlich.

. . . . das Wassergeld?
Ich habe . . . .
. . . . .
Kann ich . . . . ?

. . . . DM 60,- jährlich.

. . . . die Heizungskosten?
Ich habe . . . .
. . . . .
Kann ich . . . . ?

. . . . DM 55,- monatlich.

Ü 12

Hast du den Brief zur Post gebracht?
Hast du Zigaretten geholt?
Hast du das Essen gekocht?
Hast du meine Monatskarte gekauft?

Oh, das habe ich vergessen.
. . . .
. . . .
. . . .

Ü 13

Hoffentlich hast Du schon die Zigaretten geholt?

Nein, noch nicht. Ich muß sie noch holen.

. . . . das Essen gemacht?

. . . .

. . . . deine Eltern besucht?

. . . .
. . . .

. . . . die Milch gekauft?

. . . .

. . . . deinen Paß gefunden?

. . . .
. . . .

Ü 14

Haben Sie Ihr Auto hier?	Nein, ich habe es am Bahnhof gelassen.
. . . . . . Ihren Paß . . . . ?	Nein, ... zu Hause . . . .
. . . . . . Ihr Wörterbuch . . . . ?	Nein, ... in der Schule . . . .
. . . . . . Ihre Steuerkarte . . . . ?	Nein, ... im Büro . . . .

Ü 15

Wo ist denn der Autoschlüssel?	Den suche ich schon die ganze Zeit, aber ich habe ihn noch nicht gefunden.
. . . . der Brief von Manfred?	Den . . . . , ...
. . . . das Portemonnaie?	Das . . . . , ...
. . . . die Zeitung?	Die . . . . , ...
Wo sind die Kinokarten?	Die . . . . , ...

Ü 16

Was gab es heute mittag zu essen?	Wir haben Schweinebraten gegessen.
. . . . ?	. . . . . . Kotelett . . . .
. . . . ?	. . . . . . Fisch . . . .
. . . . ?	. . . . . . etwas Gutes . . . .

Ü 17

Sind Sie schon lange in Frankfurt?	Nein, ich bin erst vor zwei Wochen nach Frankfurt gekommen.
Sind Sie schon lange in Madrid?	Nein, ... erst gestern nach Madrid . . . .
Sind Sie schon lange in Düsseldorf?	Nein, ... erst vorgestern nach Düsseldorf . . . .
Sind Sie schon lange hier?	Nein, ... eben erst . . . . .

Ü 18

Wohnen Sie schon lange in Frankfurt?   Nein, ich bin erst vor zwei Wochen nach Frankfurt gezogen.
.... Hamburg?   ..., ... erst vor zwei Wochen ....
.... Berlin?   ..., ... erst letzte Woche ....
.... Stuttgart?   ..., ... erst letzten Monat ....

Ü 19

Ist Herr Müller nicht da?   Nein, er ist vor drei Tagen in Urlaub gefahren.
.. Frau Koch ......?   ..., ...
.. Frau Motz ......?   ..., ...
.. Herr Motz ......?   ..., ...

Ü 20

Ist Manfred nicht da?   Nein, er ist eben in die Stadt gegangen.
.. Renate .....?   ..., ... ins Kino ....
.. Hans .....?   ..., ... nach Hause ....
.. Jürgen .....?   ..., ... in die Fabrik ....

Ü 21

Waren Sie schon mal in Griechenland?   Nein, ich bin noch nicht dort gewesen.

Waren Sie schon mal in der Sowjetunion?   ..., ...
Waren Sie schon mal in der Türkei?   ..., ...
Waren Sie schon mal in den USA?   ..., ...

Ü 22

Warst du letzten Monat in Spanien?   Ja, ich hatte Urlaub.
...... letzte Woche zu Hause?   Ja, ... frei.
...... gestern in der Schule?   Ja, ... Unterricht.
...... vorgestern abend im Betrieb?   Ja, ... Nachtschicht.

Ü 23

Bist du letzten Monat in Spanien gewesen? Ja, ich habe Urlaub gehabt.
..... letzte Woche zu Hause ...... ? . , ...
..... gestern in der Schule .... ? . , ...
..... vorgestern abend im Betrieb ... ? . , ...

Ü 24

Haben Sie nicht letztes Jahr hier gearbeitet? Nein, letztes Jahr hatte ich noch keine Arbeitserlaubnis.

.... letzte Woche Urlaub gemacht? ... , ... ich zu viel Arbeit.

.... letzte Woche den Kurs besucht? ... , ... ich Spätschicht.

.... vor 2 Jahren Deutsch gelernt? ... , ... wir keine Zeit.

.... vor 8 Monaten Ihr Auto gekauft? ... , ... wir kein Geld.

.... vor 2 Wochen Überstunden gemacht? ... , ... wir Urlaub.

Ü 25

Du, ich habe endlich eine Wohnung gefunden. Das freut mich aber.
.. , ... ein Zimmer ....
.. , ... Arbeit ....

Ü 26

Können Sie mich mit Herrn Bender verbinden? Er telefoniert gerade.
.... Frau Fischer .... ? ....
.... Fräulein Roth .... ? ....

Ü 27

Wann kann ich dich anrufen? Morgen nachmittag.
.... sprechen? Heute abend.
.... sehen? Morgen vormittag.
.... besuchen? Nächste Woche.

Ü 28

Kommt Herr Minelli heute vorbei?   Ja, er hat gesagt, er will mich
                                        unbedingt sprechen.
. . . . ?   . . . .
                                        . . . . . sehen.
. . . . ?   . . . .
                                        . . . . . besuchen.

Ü 29

Kommt Frau Minelli heute vorbei?   Ja, sie hat gesagt, sie will uns
                                        unbedingt sprechen.
. . . . ?   . . . .
                                        . . . . . sehen.
. . . . ?   . . . .
                                        . . . . . besuchen.

Ü 30

Frau Branco will dich sprechen.	Wen? Mich?	Ich kenne sie überhaupt nicht.
Frau Rocco will . . . . sprechen.	. . . ? . . . ?	. . . .
Fräulein Roth will . . . . sprechen.	. . . ? . . . ?	. . . .

Ü 31

Herr Branco will dich sprechen.	Wen? Mich?	Ich kenne ihn überhaupt nicht.
Herr Rocco will . . . . sprechen.	. . . ? . . . ?	. . . .
Herr Becker . . . . sprechen.	. . . ? . . . ?	. . . .

Ü 32

Wen möchten Sie sprechen?   Herrn Arnold.
Er ist leider nicht da.
. . . . ?   Herrn Müller.
Er ist . . . .
. . . . ?   Frau Arnold.
Sie ist . . . .
. . . . ?   Frau Müller.
Sie ist . . . .

Ü 33

Essen wir heute in der Kantine?

. . . . im Restaurant?

Wohnst du noch in der Unterkunft?

Arbeitest du noch im Akkord?

Nein, ich habe das Essen in der Kantine satt.

. . . , ... das Essen . . . . . .
. . . .

Nein, ich hatte das Wohnen . . . . .
. . . .

Nein, ... die Akkordarbeit
. . . .

Ü 34

Deine Unterkunft ist ziemlich unbequem, nicht wahr?

Deine Unterkunft . . . .
laut, ... ?

Deine Unterkunft . . . .
teuer, ... ?

Wenn's nur das wäre.
Wir schlafen zu viert in einem Zimmer.

Wenn's . . . .
wir . . . . . zu fünft . . . .

Wenn's . . . .
wir . . . . . zu siebt . . . .

Ü 35

Wo wohnen Sie?
Haben Sie eine Neubauwohnung?
Wie groß ist Ihre Wohnung?
Haben Sie einen Mietvertrag?
Ist die Miete hoch?
Wieviel bezahlen Sie für die Umlagen?
Haben Sie eine Kaution gezahlt?
Überweisen Sie die Miete oder zahlen Sie bar?
Wie haben Sie Ihre Wohnung gefunden?
Haben Sie Kinder?
Haben Ihre Nachbarn Vorurteile?

T a

mich, dich, ihn, sie, Sie oder uns?

Können Sie . . . . mit Herrn Becker verbinden?
Ja, ich verbinde . . . . sofort.
Ist Herr Arnold da? Ich möchte . . . . sprechen.
Ist Frau Arnold da? Ich möchte . . . . sprechen.
Sind Herr und Frau Arnold da? Ich möchte . . . . sprechen.
Tag, Peter. Wann kann ich . . . . besuchen?
Tag, Maria. Wann kann ich . . . . besuchen?
Tag, Hans, hier Peter. Wann kannst du . . . . besuchen?
Tag, Elias. Wir haben eine neue Wohnung gefunden.
Wann kannst du . . . . besuchen?

T b

Ich bringe den Brief zur Post.	Gestern habe ich . . . .
Ich kaufe Kinokarten.	Gestern . . . .
Ich koche etwas Gutes.	Gestern . . . .
Ich finde meinen Paß nicht.	Gestern . . . .
Ich gehe früh nach Hause.	Gestern . . . .
Ich fahre mit der Straßenbahn in die Stadt.	Gestern . . . .
Ich esse in der Kantine.	Gestern . . . .
Ich vergesse mein Geld.	Gestern . . . .
Ich ziehe nach Hamburg.	Gestern . . . .
Ich lasse meine Steuerkarte hier.	Gestern . . . .
Ich bin in der Schule.	Gestern . . . .
Ich habe viel Geld.	Gestern . . . .
Ich komme um 6 Uhr nach Hause.	Gestern . . . .

T c

seit oder vor?

Wann sind Sie in die BRD gekommen? . . . . . zwei Jahren.
Seit wann arbeiten Sie hier? . . . . . drei Monaten.
Wie lange lernen Sie Deutsch? . . . . . sechs Monaten.
Wann haben Herr und Frau Alonso geheiratet? . . . . . zwölf Monaten.

T d

habe oder hatte? / bin oder war?

Seit drei Monaten . . . . ich in Frankfurt.
Vor vier Wochen . . . . ich in Jugoslawien.
Letztes Jahr . . . . ich geheiratet.
Letztes Jahr . . . . ich kein Geld.
Gestern . . . . ich zu spät zur Arbeit gekommen.
Heute morgen . . . . . . meine Straßenbahn Verspätung.

T e

am Samstag oder samstags?

. . . . waren wir im Kino.
. . . . gehen wir immer schwimmen.
. . . . hat Familie Alonso eine neue Wohnung gefunden.
Die Verkäuferinnen arbeiten auch . . . .

T f

letzten, letztes oder letzte?

Ich bin . . . . Jahr in die BRD gekommen.
. . . . . . Monat habe ich viel gearbeitet.
Wir haben . . . . Woche eine Wohnung gefunden.

T g

Jahr, Jahre oder Jahren?

Ich wohne jetzt drei . . . . in Hamburg.
Seit zwei . . . . besuche ich einen Elektrotechnik-Kursus.
Letztes . . . . habe ich geheiratet.

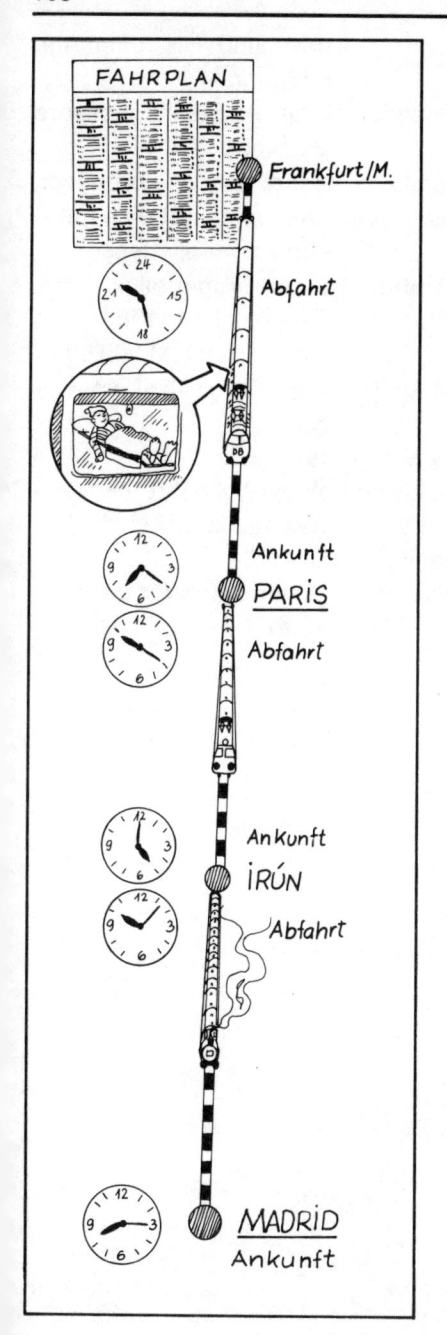

Ich möchte nach Madrid fahren

Der Reisende: Können Sie mir ein paar Züge nach Madrid nennen?

Der Beamte: Einen Augenblick. Ich sehe im Fahrplan nach. Wollen Sie übermorgen mit dem Sonderzug für spanische und portugiesische Arbeiter fahren?

Der Reisende: Nein, ich muß schon heute fahren.

Der Beamte: Dann haben Sie erst heute abend eine Verbindung.

Der Reisende: Und wann fährt der Zug ab?

Der Beamte: Um 21.27 Uhr ab Frankfurt. Sie fahren über Paris und Irún.

Der Reisende: Wann kommt der Zug in Paris an?

Der Beamte: Um 7.20 Uhr.

Der Reisende: Muß ich in Paris umsteigen?

Der Beamte: Ja. Sie steigen am „Gare de l'Est" aus.

Der Reisende: Wie bitte?

Der Beamte: „Gare de l'Est", das heißt auf Deutsch „Ostbahnhof". Sie fahren um 9.20 Uhr vom „Gare d'Austerlitz" weiter.

Der Reisende: Wann bin ich dann in Irún?

Der Beamte: Um 17 Uhr. Da steigen Sie nochmal um. In Irún haben Sie über 5 Stunden Aufenthalt. In Ma-

	drid sind Sie dann um 8.15 Uhr.
Der Reisende:	Gibt es keine bessere Verbindung?
Der Beamte:	Heute abend leider nicht.
Der Reisende:	Wieviel kostet eine Fahrkarte zweiter Klasse?
Der Beamte:	Einen Augenblick bitte. Einfach DM 175,–, hin und zurück DM 309,60.
Der Reisende:	Hat der Zug Liegewagen?
Der Beamte:	Ja.
Der Reisende:	Wieviel kostet der Liegewagenzuschlag?
Der Beamte:	DM 23,–.
Der Reisende:	Vielen Dank für die Auskunft.

Wo muß ich umsteigen?

Herr Müller fährt von Saarbrücken nach Kassel. Kurz vor Kaiserslautern kommt der Schaffner und kontrolliert die Fahrkarten. Herr Müller weiß nicht genau, wo er umsteigen muß. Er fragt den Schaffner.

Herr Müller:	Entschuldigen Sie, ich möchte nach Kassel fahren. Können Sie mir sagen, wo ich umsteigen muß?
Schaffner:	In Frankfurt.
Herr Müller:	Und wissen Sie, um wieviel Uhr ich Anschluß nach Kassel habe?
Schaffner:	Um 12.30 Uhr. Wir kommen um 12.15 Uhr in Frankfurt an. Dort steht schon Ihr Anschlußzug auf Gleis 6.
Herr Müller:	Ich habe noch eine Frage: Können Sie mir sagen, ab wann man im Speisewagen essen kann?
Schaffner:	Ab 11.30 Uhr.
Herr Müller:	Vielen Dank.

EINHEIT VIII / Teil 3

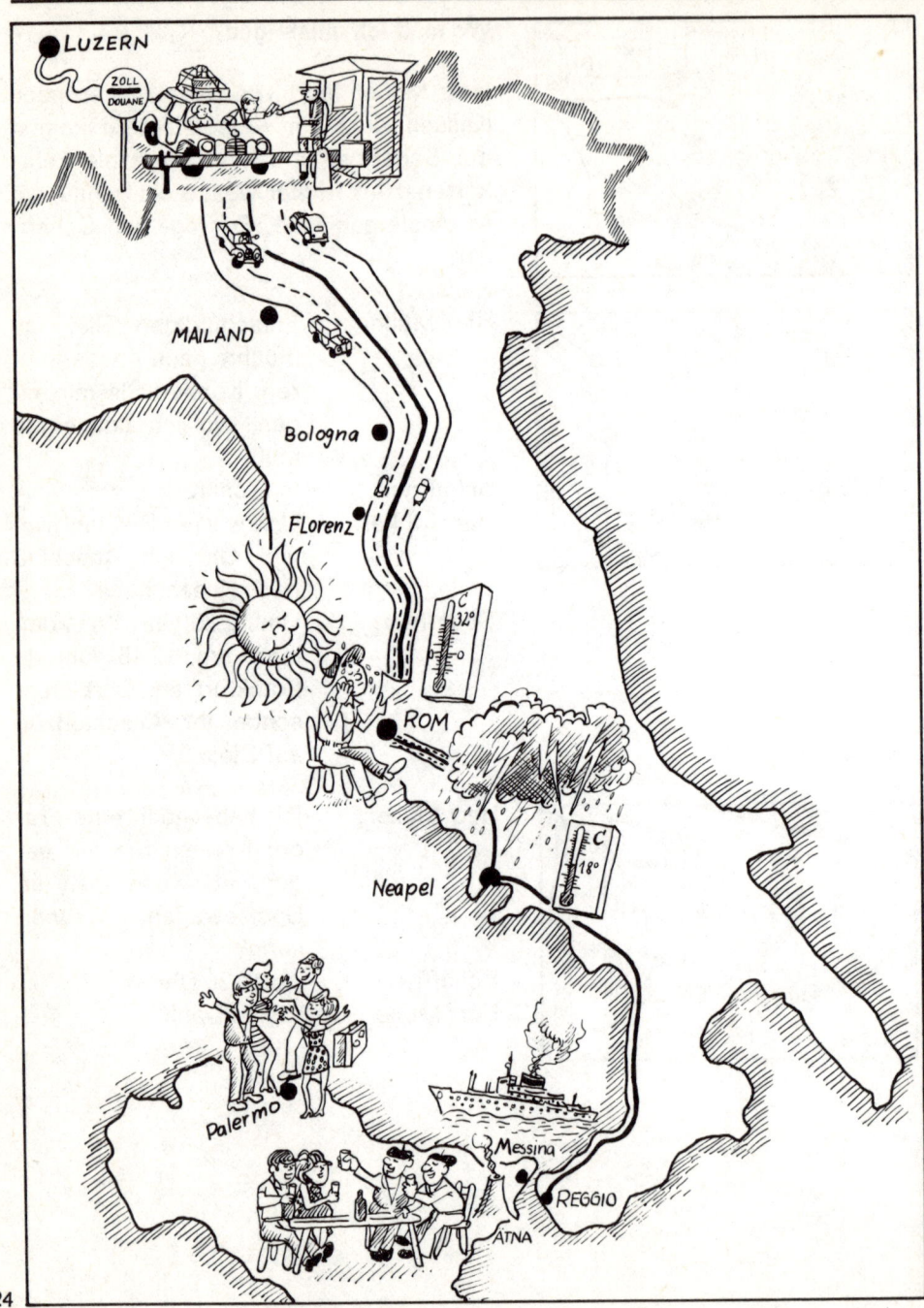

Vorgestern sind wir in Palermo angekommen

Liebe Eltern!
Vorgestern sind wir hier in Palermo angekommen. Ihr seht, wir haben fast eine Woche für die Reise gebraucht. Die Fahrt war sehr gut. Das Wetter war fast die ganze Zeit über schön. Nur in den Alpen hat es etwas geregnet. Am ersten Tag haben wir in der Nähe von Luzern übernachtet. Am nächsten Morgen sind wir früh aufgestanden und in Richtung Italien weitergefahren. Glücklicherweise gab es nicht viel Verkehr, und so haben wir an der Grenze nicht sehr lange gewartet.

In Italien haben wir gleich die Autobahn genommen und sind schnell in Richtung Süden weitergefahren. In Rom war es furchtbar heiß. Zwischen Rom und Neapel hatten wir dann ein großes Gewitter. Hinterher war es wenigstens angenehm kühl.

Vorgestern haben wir das Schiff nach Sizilien genommen. Unsere Freunde Pietro und Maria haben uns am Hafen abgeholt. Sie denken noch viel an Deutschland, aber die deutsche Sprache haben sie schon fast wieder vergessen. Sie haben gefragt, warum Ihr nicht mitgekommen seid. Übrigens, wir sollen Euch herzlich von ihnen grüßen.

Wir haben in den zwei Tagen schon viele Leute kennengelernt. Die Menschen hier auf der Insel sind wirklich alle sehr nett.

Für heute machen wir aber Schluß. Wir gehen gleich ins Bett. Morgen ist hier Feiertag, und wir wollen mit Pietro und Maria einen Ausflug machen. Wir müssen früh aufstehen. Wir sind um 8 Uhr verabredet.

Viele herzliche Grüße
Karin und Antonio

Ich lasse das Auto zu Hause

Manfred: Machst du auch jetzt Urlaub, Antonio?
Antonio: Nein. Ich kann leider noch nicht.
Manfred: Warum denn nicht?
Antonio: Weil meine Kinder noch Schule haben. Sie bekommen erst im Juli Ferien. Und du, fährst du wieder nach Jugoslawien?
Manfred: Ja, morgen. Aber diesmal fliege ich. Ich lasse das Auto zu Hause.
Antonio: Warum denn das?
Manfred: Weil ich mich mal richtig ausruhen will. Ich möchte am Strand liegen und viel spazierengehen.

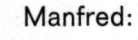

Weißt du, ich habe das Auto richtig satt! Warum fliegst du eigentlich nicht?

	Antonio:	Weil das für fünf Personen zu teuer ist, und weil wir in Spanien viele Ausflüge machen wollen. Und das ist mit dem Zug oder mit dem Bus sehr umständlich.
	Manfred:	Also dann bis August. Ich muß jetzt los, weil ich noch meine Sachen packen muß.
	Antonio:	Viel Vergnügen im Urlaub!
	Manfred:	Danke gleichfalls.

Übungen

Ü 1

Um wieviel Uhr fährt der Zug nach Köln ab?	Um 10.00 Uhr.
Um wieviel Uhr . . . der Zug . . . Hamburg . . ?	. . 12.30 Uhr.
Um wieviel Uhr . . . der Zug . . . Bonn . . ?	. . 22.17 Uhr.

Ü 2

Um wieviel Uhr kommt der Zug in Köln an?	Um 13.00 Uhr.
Um wieviel Uhr . . . . der Zug . . Hamburg . . ?	. . 15.16 Uhr.
Um wieviel Uhr . . . . der Zug . . Bonn . . ?	. . 0.03 Uhr.

Ü 3

Muß ich in Paris umsteigen?	Ja, Sie steigen dort um.
Und wie lange habe ich dort Aufenthalt?	Zwei Stunden.
Muß ich in Frankfurt umsteigen?	Ja, Sie . . . . . dort . .
Und wie lange . . . . ?	90 Minuten.
Muß ich in Köln umsteigen?	Ja, Sie . . . . . dort . .
Und wie lange . . . . ?	45 Minuten.
Muß ich in Basel umsteigen?	Ja, Sie . . . . . dort . .
Und wie lange . . . . ?	2½ Stunden.

Ü 4

Wollen Sie schon heute nach Bremen weiterfahren?	Nein, ich fahre erst morgen weiter.
. . . . schon heute nach München . . . . ?	. . . , ... erst übermorgen . . . .
. . . . schon gleich nach Frankfurt . . . . . . ?	. . . , ... erst in drei Stunden . . . . .
. . . . schon morgen nach Italien . . . . ?	. . . , ... erst in zwei Wochen . . . . .

Ü 5

Fahren Sie über Köln nach Bremen?	Nein, über Kassel.
. . . . Stuttgart nach München?	. . , . . . Nürnberg.
. . . . Luxemburg nach Frankreich?	. . , . . . Belgien.

Ü 6

Weißt du, wo Tonio ist?	Ja.
....., woher Tonio kommt?	Ja.
....., wohin Tonio fährt?	Ja.
....., was Tonio macht?	Ja.
....., seit wann Tonio hier arbeitet?	Ja.
....., wieviel Geld Tonio verdient?	Ja.
....., wann Tonio Urlaub macht?	Ja.
....., um wieviel Uhr Tonio kommt?	Ja.
Weißt du überhaupt, wer Tonio ist?	Nein.

Ü 7

Herr Müller weiß nicht genau, was die Fahrkarte nach Kassel kostet.
..............., wann der Zug abfährt.
..............., wo er umsteigen muß.
..............., um wieviel Uhr er Anschluß hat.
..............., wie lange der Zug nach Kassel fährt.
..............., ab wann man im Speisewagen essen kann.

Ü 8

(Wann fährt der Zug ab?)
Können Sie mir sagen, wann der Zug abfährt?
(Wo muß ich umsteigen?)
..............., ... umsteigen muß?
(Was kostet eine Fahrkarte?)
....?
(Wie lange fährt der Zug nach Kassel?)
..............., ...?
(Um wieviel Uhr kommt der Zug in Hamburg an?)
....?
(Ab wann kann man im Speisewagen essen?)
..............., ...?

Ü 9

Der Reisende:	Verzeihung, um wieviel Uhr fährt der Anschlußzug nach Kassel ab?
Der 1. Beamte:	Das weiß ich nicht. Fragen Sie bitte meinen Kollegen.
Der Reisende:	Verzeihung, können Sie mir sagen, um wieviel Uhr der Anschlußzug nach Kassel abfährt?
Der 2. Beamte:	Um 16.15 Uhr.

Der Reisende:	Verzeihung, was kostet eine Fahrkarte nach Hamburg?
Der 1. Beamte:	Das weiß ich nicht. Fragen ....
Der Reisende:	Verzeihung, können Sie mir sagen, ... ?
Der 2. Beamte:	DM 86–,

Der Reisende:	Verzeihung, wie lange fährt der Zug nach Stuttgart?
Der 1. Beamte:	Das weiß ich nicht. Fragen ....
Der Reisende:	Verzeihung, können Sie mir sagen, ... ?
Der 2. Beamte:	Dreieinhalb Stunden.

Der Reisende:	Verzeihung, wo muß ich umsteigen?
Der 1. Beamte:	Das weiß ich nicht. Fragen ....
Der Reisende:	Verzeihung, können Sie mir sagen, ... ?
Der 2. Beamte:	In Frankfurt.

Ü 10

Wann kommt Hans zurück?	Er muß morgen zurückkommen.
Wann kommt der Zug an?	Er muß in 30 Minuten ....
Wann holst du Hans ab?	Ich muß ihn in 40 Minuten ....
Wann fährt Herr Koch weiter?	Er muß heute nachmittag ....
Wann steht Peter auf?	Er muß um 8.00 Uhr ....

Ü 11

Ist Hans schon zurückgekommen?	Ja, er ist gestern zurückgekommen.
Ist der Zug schon angekommen?	. , . . . vor 30 Minuten ....
Hast du Hans abgeholt?	. , . . . vor 40 Minuten ....
Ist Herr Koch schon weitergefahren?	. , . . . heute vormittag ....
Ist Peter schon aufgestanden?	. , . . . um 8.00 Uhr ....
Hast du schon Fräulein Roth kennengelernt?	. , . . . vorgestern ....
Ist der Zug schon abgefahren?	. , . . . vor 5 Minuten ....
Hat Herr Papas die Papiere mitgebracht?	. , . . . heute morgen ....

Ü 12

Wann kommt Hans zurück?	Er ist schon gestern zurückgekommen.
Wann kommt der Zug an?	Er ist schon vor 30 Minuten . . . .
Wann holst du Hans ab?	Ich habe ihn schon vor 40 Minuten . . . .
Wann fährt Herr Koch weiter?	Er ist schon heute vormittag . . . .
Wann steht Peter auf?	Er ist schon um 8.00 Uhr . . . .

Ü 13

Wann will Herr Alonso das Formular ausfüllen?	Er hat es schon ausgefüllt.
Wann will Herr Papas die Papiere mitbringen?	Er . . . . mitgebracht.
Wann will Frau Koch aus der Stadt zurückkommen?	Sie . . . . zurückgekommen.
Wann willst du den Brief einwerfen?	Ich . . . . eingeworfen.
Wann will Familie Alonso einziehen?	Sie . . . . eingezogen.

Ü 14

Wie war das Wetter in Italien?	Es war die ganze Zeit über schön. Es hat nie geregnet.
. . . . in Belgien?	Es war . . . . schlecht. . . . .
. . . .	sehr viel geregnet.
in den Alpen?	Es war . . . . kalt. . . . .
. . . .	sogar geschneit.
im Schwarzwald?	Es war . . . . kühl. . . . .
	sogar geschneit.

Ü 15

Wir gehen heute abend ins Kino.	Kommt Ihr mit?
. . . . heute nachmittag ins Schwimmbad.	. . . . ?
. . . . heute mittag ins Restaurant essen.	. . . . ?

Ü 16

Wir müssen jetzt los. Seid Ihr fertig?
.... gehen. .... ?
.... fahren. .... ?

Ü 17

Es ist ziemlich kalt heute. Frierst du auch so?
.... heiß .... Schwitzt du .... ?
.... kühl .... Friert ihr ...... ?
.... warm ... Schwitzt ihr .... ?

Ü 18

Wir frühstücken jetzt. Und ihr? Habt ihr schon gefrühstückt?
Wir essen jetzt zu Mittag. .... ? .... ?
Wir trinken jetzt Kaffee. .... ? .... ?
Wir essen jetzt zu Abend. .... ? .... ?

Ü 19

Warum kann Antonio keinen Urlaub machen? Weil seine Kinder keine Ferien haben.
..... nimmt Manfred das Flugzeug? ... er sich richtig ausruhen will.
..... fährt Antonio mit dem Auto? ... er viele Ausflüge machen will.
..... nimmt Manfred nicht das Auto? ... er das Auto richtig satt hat.
..... muß Manfred jetzt los? ... er seine Koffer packen muß.

Ü 20

Warum kann Antonio keinen Urlaub machen? (Die Kinder haben keine Ferien.) Weil ....
Warum fährt Antonio mit dem Auto? (Antonio will viele Ausflüge machen.) Weil ....
Warum nimmt Manfred das Flugzeug? (Manfred will sich richtig ausruhen.) Weil ....
Warum nimmt Manfred nicht das Auto? (Manfred hat das Auto richtig satt.) Weil ....
Warum muß Manfred jetzt los? (Manfred muß seine Sachen packen.) Weil ....

Ü 21

Warum nehmen Herr und Frau Alonso die Wohnung?
(Die Miete ist nicht sehr hoch.)
Weil . . . .

Warum hat Frau Alonso die Monatskarte nicht gekauft?
(Frau Alonso hat das Portemonnaie vergessen.)
Weil . . . .

Warum ist Herr Alonso zu spät zur Arbeit gekommen?
(Die Straßenbahn hatte eine Viertelstunde Verspätung.)
Weil . . . .

Ü 22

- Ich möchte nach Istanbul fliegen. Können Sie mir ein paar Flüge . . . . ?
- Wollen Sie übermorgen mit dem Charterflugzeug für ausländische Arbeiter . . . . . ?
- Nein, ich muß noch . . . .
- Dann haben Sie eine Linienmaschine heute abend um 20.00 Uhr. Aber die Maschine geht nicht direkt. Sie macht eine Zwischenlandung in Athen.
- Und wann . . . . . . in Istanbul . . . ?
- Um 0.30 Uhr. Soll ich einen Flug für Sie buchen?
- Ja, bitte zweimal Touristenklasse. Und wieviel kostet der Flug?
- Einfach oder . . . . ?
- Hin- und Rückflug, bitte.
- DM 752,–.
- Ich bin Türke und arbeite in der Bundesrepublik. Hier ist eine Bescheinigung von meiner Firma.
- Dann bekommen Sie 40 Prozent (40 %) Rabatt. Warten Sie, ich rechne den Flugpreis aus.

Ü 23

Haben Sie letztes Jahr Urlaub gemacht?   . . . .
Sind Sie mit dem Zug gefahren?   . . . .
Wo waren Sie?   . . . .
Wie war das Wetter dort?   . . . .
Haben Sie viele Ausflüge gemacht?   . . . .

EINHEIT VIII – Testübungen

T a

Muß ich in Frankfurt umsteigen?	Ja, ... dort um.
Muß ich am Ostbahnhof aussteigen?	Ja, ... dort . . . .
Wollen Sie heute schon weiterfahren?	Ja, ... heute . . . .
Wann wollen Sie Herrn Alonso abholen?	Ich . . . um 18 Uhr . . .
Wann wollen Sie abfahren?	Ich . . . morgen um 16 Uhr . .
Um wieviel Uhr soll der Zug ankommen?	Er . . . . um 20 Uhr . . .

T b

Kommt Herr Becker heute an?	Er ist schon . . . .
Fliegt die Maschine jetzt ab?	Sie . . . .
Holen Sie Herrn Alonso heute ab?	Ich . . . .
Kommt Frau Alonso heute zurück?	Sie . . . .
Wann will Herr Koch weiterfahren?	Er . . . .
Wann wollen Sie die Papiere mitbringen?	Ich . . . .

T c

(Wann fliegt die Maschine ab?)
Verzeihung, können Sie mir sagen, wann . . . .

(Wo kann ich telefonieren?)
Verzeihung, ...

(Warum hat der Zug Verspätung?)
Verzeihung, ... , ...

(Wie hoch ist die Miete?)
Verzeihung, ... , ...

(Wie teuer ist der Flug nach Paris?)
Verzeihung, ... , ...

T d

Wie war das Wetter im Schwarzwald?	. . . . geregnet.
. . . . im Urlaub?	. . . . sehr kalt.
. . . . gestern?	. . . . sehr heiß.
. . . . in den Alpen?	. . . . viel geschneit.

T e

Wir essen jetzt.	. . . . . . ihr schon gegessen?
Wir gehen jetzt schwimmen.	. . . . . . ihr mit?
Wir können Deutsch.	. . . . . . ihr auch Deutsch?
Wir sprechen Englisch.	. . . . . . ihr auch Englisch?
Wir möchten ein Kotelett.	. . . . . . ihr auch ein Kotelett?
Wir wollen einen Ausflug machen.	. . . . . . ihr mitkommen?

T f

	(Ich habe keine Zeit.)
Warum machst du nicht Urlaub?	Weil . . . .
	(Ich finde kein Zimmer.)
Warum wohnst du noch in der Unterkunft?	Weil . . . .
	(Das ist für mich zu teuer.)
Warum fliegst du nicht nach Marokko?	Weil . . . .
	(Ich habe kein Geld.)
Warum kaufst du kein Auto?	Weil . . . .

EINHEIT IX / Teil 1

Herr Janos sucht einen Gebrauchtwagen

Herr Janos sucht seit einem Monat einen Gebrauchtwagen. Vor einer Woche war er bei einem Gebrauchtwagenhändler. Aber die Wagen dort waren alle zu teuer.

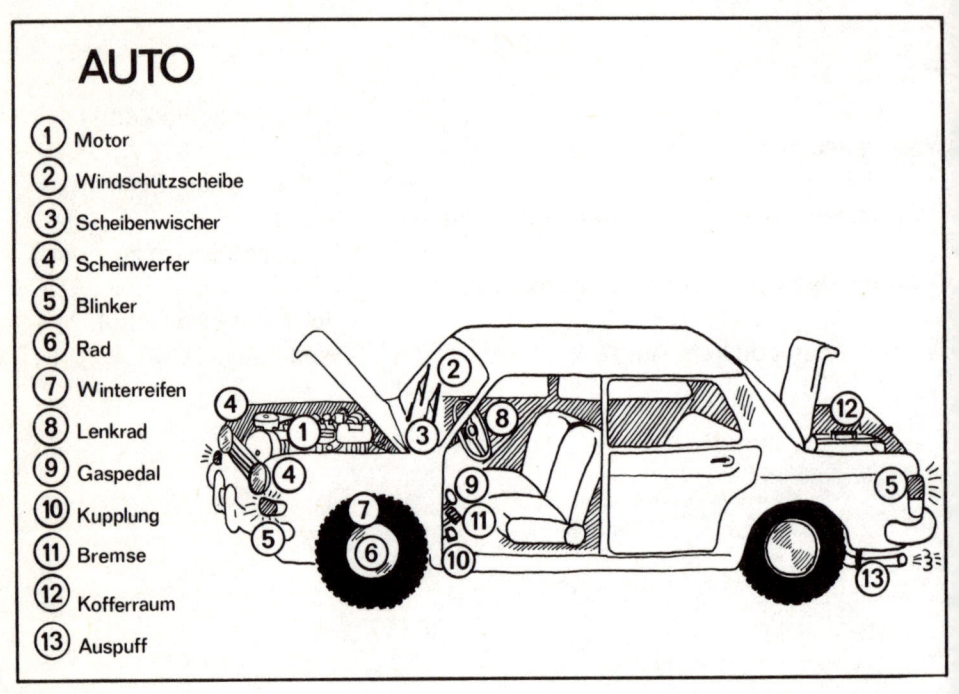

AUTO

1. Motor
2. Windschutzscheibe
3. Scheibenwischer
4. Scheinwerfer
5. Blinker
6. Rad
7. Winterreifen
8. Lenkrad
9. Gaspedal
10. Kupplung
11. Bremse
12. Kofferraum
13. Auspuff

Karl Becker:	Hallo, Ivo, wie geht's? Hast du schon ein Auto gefunden?
Ivo Janos:	Nein, leider nicht. Ich war am Samstag bei dem Gebrauchtwagenhändler hier in der Ludwigstraße, aber da habe ich kein Glück gehabt.

Karl Becker:	Das ist auch gut so. Mein Freund Hans will nämlich seinen Wagen verkaufen. Und bei ihm ist der Wagen bestimmt nicht so teuer wie beim Händler. Wir können heute zu ihm gehen und den Wagen anschauen. Wann hast du Zeit?
Ivo Janos:	Um halb fünf bin ich mit der Arbeit fertig. Dann können wir gleich zu deinem Freund gehen.
Karl Becker:	Gut, dann bis halb fünf.

EINHEIT IX / Teil 2

Welches Baujahr ist das?

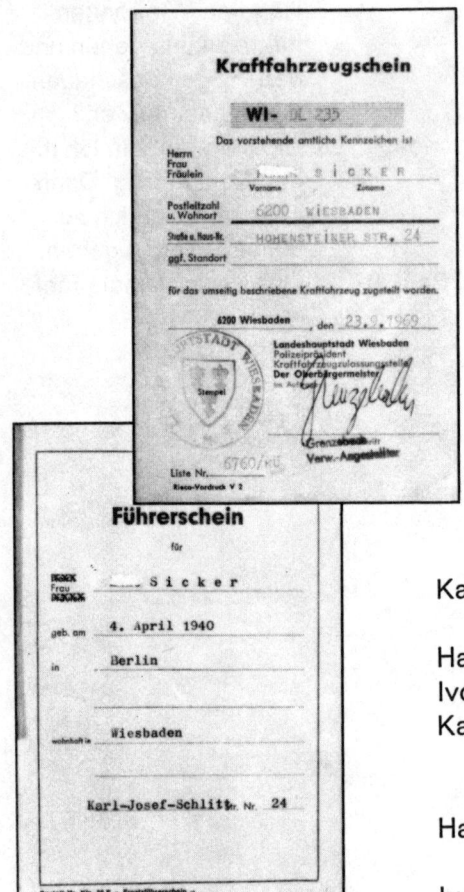

Karl Becker:	Guten Tag, Hans. Das ist mein Arbeitskollege.
Hans Schmidt:	Schmidt.
Ivo Janos:	Janos.
Karl Becker:	Herr Janos möchte ein Auto kaufen. Vielleicht gefällt ihm deins.
Hans Schmidt:	Allerdings ist das Auto nicht mehr neu.
Ivo Janos:	Können Sie es uns zeigen?
Hans Schmidt:	Aber natürlich. Es steht unten auf der Straße. Wir können gleich eine Probefahrt machen. Sie haben doch einen Führerschein?

Ivo Janos:	Ja, ich habe ihn vor einem Monat gemacht.
Hans Schmidt:	Hier steht mein VW.
Ivo Janos:	Welches Baujahr ist das?
Hans Schmidt:	September 1964. Er hat einen 34-PS-Motor.
Ivo Janos:	Ist das der erste Motor?
Hans Schmidt:	Nein, das ist ein Austauschmotor, aber mit dem bin ich erst 20 000 km gefahren.
Ivo Janos:	Und wann muß der Wagen zum TÜV?
Hans Schmidt:	Erst nächstes Jahr im August.
Ivo Janos:	Und warum wollen Sie den Wagen verkaufen?
Hans Schmidt:	Ich habe jetzt einen FIAT gekauft. Der ist größer und praktischer für mich und meine Familie.
Ivo Janos:	Haben Sie mit dem Wagen hier schon mal einen Unfall gehabt?
Hans Schmidt:	Nein.
Ivo Janos:	Gut, probieren wir den Wagen aus.
Hans Schmidt:	Bitte, passen Sie mit den Bremsen auf. Sie sind neu. Ich habe sie erst vor einer Woche reparieren lassen.
Hans Schmidt:	Hier können Sie ruhig etwas schneller fahren.
Karl Becker:	Na, Ivo, wie gefällt dir der Wagen?
Ivo Janos:	Ja, er läuft gut. Wie teuer soll er denn sein?
Hans Schmidt:	Ich verkaufe ihn Ihnen für DM 1200,–.

Ivo Janos:	Oh, das ist mehr, als ich gedacht habe. Das ist mir eigentlich zu teuer. Ich möchte nicht mehr als DM 800,- ausgeben.
Hans Schmidt:	Na ja, sagen wir DM 1000,- und das Auto gehört Ihnen.
Ivo Janos:	Einverstanden.
Hans Schmidt:	Ich habe noch vier Winterreifen. Wollen Sie sie haben?
Ivo Janos:	Wie teuer sollen sie denn sein?
Hans Schmidt:	Ich mache Ihnen einen Freundschaftspreis: DM 40,-.

Hoffentlich hast du einen guten Kauf gemacht!

Hans Schmidt:	Zahlen Sie bar, Herr Janos?
Ivo Janos:	Ja, aber ich habe das Geld nicht mit. Ich bringe es Ihnen morgen vorbei.
Hans Schmidt:	Morgen ist nur meine Frau zu Hause. Dann geben Sie bitte ihr das Geld.
Ivo Janos:	Gut, machen wir jetzt den Kaufvertrag! Hast du einen Kugelschreiber, Karl?
Karl Becker:	Ja, ich habe einen in meiner Jacke. Warte, ich hole ihn euch.
Ivo Janos:	Und wann bekomme ich den Kraftfahrzeugbrief (Kfz.-Brief)?
Hans Schmidt:	Den bekommen Sie morgen von meiner Frau.
Ivo Janos:	In Ordnung. Aber können Sie ihn mir vorher zeigen? Ach, der Wagen ist sogar aus erster Hand?
Hans Schmidt:	Ja, ich bin der erste Besitzer.
Karl Becker:	Hoffentlich hast du einen guten Kauf gemacht, Ivo!
Ivo Janos:	Das hoffe ich auch. Auf Wiedersehen.

EINHEIT IX / Teil 4

Sie sind schuld

1. Autofahrer:	Können Sie nicht besser aufpassen! Dort ist ein Stopschild!
2. Autofahrer:	Schreien Sie nicht so! Mein Wagen ist auch kaputt.
1. Autofahrer:	Ich glaube, es ist besser, wir rufen die Polizei.
2. Autofahrer:	Da kommt ja schon ein Streifenwagen.
1. Polizist:	Fahren Sie bitte die Wagen an den Straßenrand.
2. Polizist:	Zeigen Sie mir Ihre Wagenpapiere. Danke, und bitte auch den Führerschein!
1. Polizist:	Die Sache ist wohl klar. Sie haben die Vorfahrt nicht beachtet. Das kostet DM 300,–.
2. Polizist:	Und Ihre Reifen sind abgefahren. Das kostet DM 200,–.
1. Autofahrer:	Ja, Sie sind schuld. Sie müssen den Schaden bezahlen. Geben Sie mir bitte Ihren Namen und die Adresse von Ihrer Versicherung.
2. Autofahrer:	Gut, ich schreibe sie Ihnen hier auf den Zettel.
1. Polizist:	Dann ist alles erledigt. Und das nächste Mal fahren Sie langsamer.
2. Autofahrer:	Ja, in Zukunft fahre ich vorsichtiger.

EINHEIT IX / Teil 5

An der Tankstelle

Autofahrer:	Guten Tag! Volltanken bitte.
Tankwart:	Normal?
Autofahrer:	Nein, geben Sie mir lieber Super, und sehen Sie bitte auch nach dem Öl.
	Können Sie bitte auch den Reifendruck prüfen und die Windschutzscheibe saubermachen?
Tankwart:	Ja, natürlich. Zahlen Sie bitte schon an der Kasse.
Autofahrer:	Vielen Dank, auf Wiedersehen!
Tankwart:	Dankeschön und gute Fahrt!

EINHEIT IX / Teil 6

Eine Panne

- Hallo, hören Sie?
  Ich spreche vom Autobahnfernsprecher, Fahrtrichtung Heidelberg, Kilometer 125. Ich habe eine Panne.
- Soll ich den Abschleppdienst benachrichtigen?
- Nein, man muß den Wagen nicht abschleppen. Ich glaube, ein Kraftfahrzeugmechaniker kann das an Ort und Stelle reparieren. Können Sie jemand herschicken?
- Ja, wir schicken Ihnen jemand hin. Warten Sie bei Ihrem Wagen.
- Danke schön. Auf Wiederhören!

Übungen

Ü 1

Wo kann ich ein Auto kaufen?	Bei dem Gebrauchtwagenhändler in der Ludwigstraße.
. . . . Zigaretten . . . ?	An . . . . . Kiosk an der Ecke.
. . . . hier Brot . . . . ?	In . . . . . Supermarkt da gegenüber.
Wo arbeitet Fräulein Roth?	Bei . . . . . Firma Müller u. Co.
Wo hält die Linie 7?	An . . . . . Post.
Wo ist Herr Bender?	In . . . . . Werkstatt.

Ü 2

Seit wann sucht Herr Janos einen Wagen?	Seit einem Monat.
. . . . Herr Papas eine Wohnung?	. . . . Jahr.
. . . . arbeitet Fräulein Roth bei der Firma Müller u. Co.	. . . . zwei Monaten.
. . . . lebt Herr Alonso in der Bundesrepublik?	. . . . sechs Jahren.

Ü 3

Seit wann wohnt Familie Bender in Frankfurt?	Seit einer Woche.
. . . . . . sucht Herr Alonso sein Portmonnaie?	. . . . Stunde.
. . . . . . hat Fräulein Keke eine neue Arbeit?	. . . zwei Wochen.
. . . . . . wartet Herr Papas im Büro?	. . . . 1½ Stunden.

Ü 4

Wann haben Sie den Wagen gekauft?	Vor einem Monat.
. . . . die Wohnung gefunden?	. . . . Jahr.
. . . . die Wohnung besichtigt?	. . . . Woche.
. . . . die Papiere zurückgebracht?	. . . . Stunde.

Ü 5

Was machst du heute abend?	Ich gehe mit meinem Freund ins Kino.
. . . . ?	Ich gehe mit . . . . . Arbeitskollegen Bier trinken.
. . . . ?	Ich gehe mit . . . . . Vater zum Fußballspiel.

Ü 6

Was machst du heute abend?	Ich gehe mit meiner Freundin ins Kino.
. . . . ?	Ich gehe mit . . . . . Arbeitskollegin essen.
. . . . ?	Ich gehe mit . . . . . Mutter zum Arzt.

Ü 7

Geht Renate mit ihrem Freund heute ins Kino?	Nein, sie gehen erst morgen.
Geht sie mit . . . . Arbeitskollegen heute essen?	. . . , ...
Geht Peter mit . . . . . Vater heute zum Fußballspiel?	. . . , ...

Ü 8

Wann gehen wir zu deinem Freund?	Wir können heute abend zu ihm gehen.
. . . . zum Chef?	. . . . sofort . . . .
. . . . zum Hausbesitzer?	. . . . nachher . . . .
. . . . zu Herrn Müller?	. . . . in einer Stunde . . . . . .

Ü 9

Hast du ein Blatt Papier für mich? — Ja, ich kann dir eins geben.
..... einen Kugelschreiber ....? — Ja, ich kann ... einen geben.
..... eine Zigarette ....? — Ja, ich kann ... eine geben.

Ü 10

Hast du Feuer für ihn? — Ja, ich kann ihm Feuer geben.
..... ein Auto ....? — Ja, ich kann ... einen VW verkaufen.
..... eine Wohnung ....? — Ja, ich kann ... eine vermieten.

Ü 11

Hast du ein Wörterbuch für sie? — Ja, ich kann ihr eins mitbringen.
..... etwas zu trinken ....? — Ja, ich kann ... ein Glas Bier holen.
..... etwas zu essen ....? — Ja, ich kann ... etwas machen.

Ü 12

Hast du eine Briefmarke zu DM 0,40 für uns? — Ja, ich kann euch eine geben.
..... einen Stadtplan ....? — Ja, ich kann .... einen geben.
..... eine Postanweisung ....? — Ja, ich kann .... eine geben.

Ü 13

Haben Sie Essenmarken für mich? — Ja, ich kann Ihnen welche verkaufen.
.... eine Schutzbrille ......? — Ja, ich kann .... eine geben.
.... einen Schutzhelm ......? — Ja, ich kann .... einen mitbringen.

Ü 14

Wieviel kostet das Auto? DM 5000,–. Oh, das ist mir zu teuer.
Wie hoch ist die Miete? DM 500,–. Oh, das ist ... zu teuer.
Wieviel Quadratmeter hat die Wohnung? 35 m². Oh, das ist ... zu klein.
Wie weit ist es bis zum Schwimmbad? 14 km. Oh, das ist ... zu weit.

Ü 15

Wieviel kostet das Auto?	DM 5000,–.	Oh, das ist uns zu teuer.
Wie hoch ist die Miete?	DM 500,–.	Oh, das ist . . . zu teuer.
Wieviel Quadratmeter hat die Wohnung?	200 m².	Oh, das ist . . . zu groß.
Wie weit ist es bis zum Schwimmbad?	14 km.	Oh, das ist . . . zu weit.

Ü 16

Kann ich Herrn Arnold sprechen?   Ja, ich sage meinem Mann Bescheid.
. . . . Becker . . . . . ?   Ja, ...
. . . . . Frau Arnold . . . . . . ?   Ja, ... Frau . . . . . .
. . . . Becker . . . . . ?   Ja, ...

Ü 17

Gehört die Zeitung hier Ihnen?   Nein, die gehört dem Herrn da.
. . . . . das Wörterbuch . . . . ?   . . . , ... dem Kollegen da.
. . . . . das Feuerzeug . . . . ?   . . . , ... der Kollegin da.
. . . . . die Illustrierte . . . . . ?   . . . , ... der Dame da.
. . . . . das Werkzeug . . . . . ?   . . . , ... den Kollegen da.

Ü 18

Bitte, können Sie mir das Auto zeigen?   Ich zeige es Ihnen gern.
. . . , ... das Zimmer . . . . . ?   Ich zeige . . . . . . gern.
. . . , ... die Wohnung . . . . . ?   Ich zeige . . . . . . gern.
. . . , ... den Wagen . . . . . . ?   Ich zeige . . . . . . gern.
. . . , ... die Winterreifen . . . ?   Ich zeige . . . . . . gern.

Ü 19

Ich habe mir ein Auto gekauft.   Gefällt es dir?
. . . . ein Feuerzeug . . . . ?
. . . . eine Uhr . . . . ?

Ü 20

Guten Tag, Herr Becker.   Wie geht's? Danke gut. Und Ihnen?
. . . . , Fräulein Roth.   . . . . ? . . . . ?
. . . . , Frau Koch.   . . . . ? . . . . ?
. . . . , Peter.   . . . . ? . . . . ?
. . . . , Karin.   . . . . ? . . . . ?

Ü 21

Das ist ein VW.
Der fährt schnell.

Aber der Mercedes hier fährt schneller als der VW.

Der Wagen fährt 30 km pro Stunde. Er fährt langsam.

Aber das Fahrrad hier fährt langsamer als der Wagen.

Das ist ein Park. Er ist groß.

Aber der Wald hier ist größer als der Park.

Herr Fischer ist sehr alt. Er ist 80 Jahre alt.

Aber Herr Roth ist älter als Herr Fischer. Er ist 100 Jahre alt.

Das ist ein Fernsehturm. Er ist hoch.

Aber der Eiffelturm in Paris ist höher als der Fernsehturm.

Herr Becker trinkt gern Bier.

Aber er trinkt lieber Wein als Bier.

Das ist ein Motorrad. Es ist teuer.

Aber der Sportwagen hier ist teurer als das Motorrad.

Herr Müller trinkt viel.

Aber Herr Schmidt trinkt mehr als Herr Müller.

Ü 22

Deine Wohnung ist sehr schön.
Deine Maschine ist sehr praktisch.
Dein Hausbesitzer ist sehr nett.
Dein Auto ist sehr bequem.

Sie ist schöner als meine.
. . . .
. . . . meiner.
. . . . meins.

Ü 23

In Italien ist es warm.	Aber in Marokko ist es wärmer als in Italien.
In den Alpen ist es kalt.	.... am Nordpol ....
Fräulein Roth ist jung.	.... Fräulein Keke ....

Ü 24

Dein Auto ist sehr langsam.	Es ist langsamer, als ich gedacht habe.
Der Park ist sehr groß.	................., ...
Herr Müller trinkt sehr viel.	................., ...
Das Motorrad ist sehr teuer.	................., ...
Die Miete ist sehr hoch.	................., ...

Ü 25

Dein Auto ist langsam.	Aber es ist nicht so langsam, wie ich gedacht habe.
Der Park ist groß.	..................., ...
Herr Müller trinkt viel.	..................., ...
Das Motorrad ist teuer.	..................., ...
Die Miete ist hoch.	..................., ...

Ü 26

Können Sie jemand zu mir herschicken?	Ja, ich schicke Ihnen sofort jemand hin.
.... mal herkommen?	Ja, ich komme gleich zu Ihnen ...
.... mir das Geld herbringen?	Ja, ich bringe es Ihnen morgen ...

Ü 27

Haben Sie einen Führerschein?	....
Wann haben Sie ihn gemacht?	....
Hat Sie der Führerschein viel Geld gekostet?	....
Haben Sie ein Auto?	....
Wo haben Sie es gekauft?	....
Ist Ihr Wagen aus erster Hand?	....
Haben Sie einen guten Kauf gemacht?	....
Wieviel PS hat Ihr Wagen?	....
Welches Baujahr?	....
Wieviel Kilometer sind Sie mit Ihrem Wagen gefahren?	....
Wann müssen Sie mit Ihrem Wagen zum TÜV?	....
Haben Sie schon mal einen Unfall gehabt?	....
Waren Sie schuld?	....
Haben Sie schon einmal eine Panne gehabt?	....
Wo sind Sie versichert?	....

Testübungen

T a
bei, an, in, mit oder zu?

Wie fahren Sie . . . . . Flughafen?	. . . . . . Straßenbahn.
Wie fahren Sie . . . . . Kaiserstraße?	. . . . . . Bus.
Wo wollen Sie das Auto kaufen?	. . . . . . Gebrauchtwagenhändler
	. . . . . . Ludwigstraße.
Wo kaufen Sie die Illustrierte?	. . . . . . Kiosk an . . . Ecke.
Wo hält die Linie 2?	. . . . . . Post.
Wo arbeiten Sie?	. . . . . . Firma Müller u. Co.
Wo ist Herr Otto?	. . . . . . Büro.

T b
seit oder vor?

Seit wann wohnen Sie hier?	. . . . Woche.
Wann sind Sie angekommen?	. . . . Monat.
Wie lange arbeiten Sie schon hier?	. . . . Jahr.

T c
meinem, meiner oder meinen?

Mit wem gehst du spazieren?	. . . . Freundin.
. . . . ?	. . . . Freund.
. . . . ?	. . . . Freunden.
. . . . ?	. . . . Vater.
. . . . ?	. . . . Eltern.

T d
mir, dir, ihm, ihr, uns, euch, ihnen oder Ihnen?

Kommst du heute abend zu . . . . . ?	Wir sind zu Hause.
Kannst du . . . . helfen?	Ich kann die Koffer nicht allein tragen.
Kannst du . . . . eine Postanweisung geben?	Er möchte Geld nach Hause schicken.
Soll ich . . . . . helfen?	Du kannst das nicht allein machen.
Wann gehst du zu . . . . . . ?	Sie will dich sprechen.
Ich kann . . . . . nicht helfen.	Ihr müßt das allein machen.
Haben Sie einen Kugelschreiber für mich?	Ja, ich kann . . . . . einen geben.
Ich möchte Herrn und Frau Becker sprechen.	Können Sie . . . . . Bescheid sagen?

T e

Können Sie Herrn Janos das
Auto zeigen? — Ich zeige . . . . . gern.
Können Sie mir die Wohnung
zeigen? — Ich zeige . . . . . gern.
Könnt ihr uns die Winterreifen
verkaufen? — Wir verkaufen . . . . für DM 40,-.
Bitte geben Sie Frau Schmidt
den Restbetrag. — Ich bringe . . . . . . morgen.

T f

Der Mercedes kostet DM 20 000,-.
Der VW kostet DM 6 000,-.
Der Mercedes ist . . . . . . als der VW.
Der VW ist . . . . als der Mercedes.

Der Eiffelturm ist 300 m hoch.
Der Fernsehturm ist 200 m hoch.
Der Eiffelturm ist . . . . . . als der Fernsehturm.
Der Fernsehturm ist niedrig . . als der Eiffelturm.

Der Mercedes fährt 200 km pro Stunde.
Der Fiat fährt 150 km pro Stunde.
Der Mercedes ist . . . . . . als der Fiat.
Der Fiat ist . . . . als der Mercedes.

T f

Herr Müller trinkt 5 l Bier am Tag.
Herr Schmidt trinkt 10 l Bier am Tag.
Herr Müller trinkt . . . . . . Bier als Herr Schmidt.
Herr Schmidt trinkt . . . . . . Bier als Herr Müller.

Karl ist 35 Jahre alt.
Ivo ist 40 Jahre alt.
Karl ist . . . . . . als Ivo.
Ivo ist . . . . . . als Karl.

T g

In Italien ist es warm.
In Deutschland ist es nicht . . . . warm . . . in Italien.

Am Nordpol ist es kalt.
In den Alpen ist es nicht . . . kalt . . . am Nordpol.

Meine Wohnung ist schön.
Aber sie ist nicht . . . schön . . . deine.

EINHEIT X / Teil 1

Tonio tanzt nicht gern ...

Ali und Tonio sind Praktikanten. Sie gehen oft in den Internationalen Club. Dort treffen sich viele Ausländer und Deutsche. Sie unterhalten sich, diskutieren über Politik und andere Probleme und spielen Schach. Heute abend ist Tanz. Es spielt die Beatgruppe „People".

Ali:	Wollen wir heute abend in den Club gehen?
Tonio:	Nein, lieber nicht. Du weißt doch, ich tanze nicht gern.
Ali:	Du mußt ja nicht tanzen. Du kannst dich auch so amüsieren.
Tonio:	Na ja, wenn du meinst.
Ali:	Schau mal, da sitzt Angela! Tag Angela. Das ist Tonio. Kennt ihr euch schon?
Angela:	Ja, ich glaube, wir haben uns schon einmal gesehen.
Tonio:	Haben wir uns nicht in der Volkshochschule kennengelernt?
Angela:	Ja richtig, ich erinnere mich. Sie haben einen Parallelkursus besucht.
Ali:	Ich hole etwas zu trinken. Soll ich euch was mitbringen?
Tonio:	Ja gern. Wie finden Sie die Musik?
Angela:	Die spielen klasse. Wollen wir nicht tanzen?
Ali:	Hallo Peter! Hast du Tonio und Angela gesehen?
Peter:	Ja, die tanzen gerade.
Ali:	Was? Das wundert mich aber. Tonio tanzt doch nicht gern ...

EINHEIT X / Teil 2

Bayern München spielt gegen Eintracht Frankfurt

Jürgen:	Hallo?
Peter:	Hier Peter, grüß dich! Gehen wir heute zum Fußballspiel? Bayern München spielt gegen Eintracht Frankfurt.
Jürgen:	Na klar. Kommt Klaus auch mit?
Peter:	Der hat keine Lust. Er bleibt heute bei seiner Freundin.
Jürgen:	Und was ist mit seinem Bruder, kommt der mit?
Peter:	Von dem habe ich lange nichts gehört. Ich glaube, er interessiert sich auch nicht mehr für Fußball.
Jürgen:	Hör mal, wo treffen wir uns denn?
Peter:	Ich muß noch kurz zu meiner Tante. Wir können uns um 15 Uhr am Goetheplatz treffen, gegenüber der Bushaltestelle, wie immer.
Jürgen:	Sagen wir um Viertel nach drei?
Peter:	Geht in Ordnung. Bis dann.

- Hier Bernd, ... ! Gehen wir heute in den Club tanzen? Dort spielt eine Beatgruppe.
- Na klar. Kommt . . . . auch mit?
- . . . . keine Lust.
- Und was ist mit deiner Schwester, kommt . . . . ?
- . . . .
- Hör mal, wo treffen wir uns denn?
- . . . .
- . . . .
- Geht in Ordnung. Bis dann.

EINHEIT X / Teil 3

Ich freue mich, Sie kennenzulernen

Karl:	Du, Ivo! Meine Frau hat morgen Geburtstag. Wir möchten dich zum Abendessen einladen. Hast du Zeit, zu uns zu kommen?
Ivo:	Ja, ich komme gern. Und wann?
Karl:	Wenn du willst, können wir morgen gleich nach der Arbeit zu mir gehen.
Ivo:	Das paßt mir gut.
Inge:	Guten Abend, Karl! Guten Abend, Herr Janos! Ich freue mich, Sie kennenzulernen.
Ivo:	Guten Abend, Frau Becker! Herzlichen Glückwunsch zum Geburtstag!
Inge:	Oh, die Blumen sind aber schön! Vielen herzlichen Dank!
Karl:	Komm Ivo, ich möchte dir meine Schwiegereltern vorstellen. Das ist mein Schwiegervater, Herr Brandt, meine Schwiegermutter, Frau Brandt. Und das ist Herr Janos.
Herr Brandt:	Schön, Sie mal kennenzulernen, Herr Janos. Mein Schwiegersohn hat uns schon viel von Ihnen erzählt.
Karl:	Inge, wo ist denn Matthias?
Inge:	Im Kinderzimmer. Aber da kommt er ja schon.
Ivo:	Tag, Matthias. Wie alt bist du denn?
Matthias:	Vier.
Inge:	Noch nicht ganz. Er wird erst im nächsten Monat vier.
Frau Brandt:	Inge, wir müssen aber jetzt gehen.
Inge:	Wollt ihr wirklich nicht zum Essen bleiben?

Frau Brandt:	Bitte, sei uns nicht böse, aber wir haben gesagt, wir kommen nur zum Kaffeetrinken.
	Matthias, willst du deiner Oma nicht auf Wiedersehen sagen?
Matthias:	Auf Wiedersehen, Oma, auf Wiedersehen, Opa.
Frau Brandt:	Und bekomme ich heute keinen Kuß?
Matthias:	Doch.

EINHEIT X / Teil 4

Was gibt's heute im Fernsehen?

Inge:	Kommt zum Essen! Der Tisch ist gedeckt.
Karl:	Willst du dich dahin setzen, Ivo?
	Was trinkst du lieber, Bier oder Wein?
Ivo:	Oh, das ist mir gleich. Wie ihr wollt.
Karl:	Kannst du mir bitte eine Scheibe Brot reichen, Inge?
Inge:	Nehmen Sie doch bitte noch etwas vom Braten, Herr Janos!
Ivo:	Das Essen schmeckt ausgezeichnet, aber ich bin wirklich schon satt.
Inge:	Was gibt's heute im Fernsehen?
Karl:	Hier ist das Programm. Es gibt einen Spielfilm „Moderne Zeiten" und die Sportschau. Aber der Film hat schon vor zehn Minuten angefangen.
Ivo:	Den habe ich neulich im Kino gesehen. Ich habe selten so gelacht.
Karl:	Aber wollen wir heute wirklich fernsehen? Ist es nicht besser, wenn wir den Fernseher mal nicht anmachen und uns ein bißchen unterhalten?
Inge:	Was meinen Sie, Herr Janos?
Karl:	Was? Ihr siezt euch immer noch? Wollt ihr euch nicht duzen?
Ivo:	Also Prost, Inge!
Inge:	Prost, Ivo!

Übungen

Ü 1

Wie war es gestern abend im Club? Es war sehr schön, ich habe
..............im Kino?   mich gut amüsiert.
..............im Theater?   ....,......
..............bei Müllers?   ....,......
                                    ....,......

Ü 2

Weißt du, wohin Tonio gegangen ist? Ja, er hat sich für heute abend
                                    mit Angela verabredet. Sie wollen
                                    sich im Club treffen.
........,....Peter........?   Ja,................mit
                                    Inge..............im
                                    Kino...............
........,....Paul.........?   Ja,................mit
                                    Claudia............im
                                    Café...............

Ü 3

Weißt du, wohin Angela gegangen ist? Ja, sie hat sich für heute abend
                                     mit Tonio verabredet. Sie wollen
                                     sich im Club treffen.
........,....Inge.........?   Ja,.................
                                     mit Peter............
                                     im Kino..............
........,....Claudia......?   Ja,.................
                                     mit Paul.............
                                     im Café..............

Ü 4

Das ist Angela. Kennt ihr euch schon? Ja, wir haben uns
                                      in der VHS kennengelernt.
.....Jürgen............?   Ja,........
                                      im Fußballverein........
.....Monika............?   Ja,........
                                      bei Müllers............
.....Matthias..........?   Ja,........
                                      in der Universität........

Ü 5

Worüber diskutiert ihr gerade?   Über Politik.
..... diskutiert .... ?   .... unsere Probleme.
..... sprecht .... ?   .... die Arbeit.
..... sprecht .... ?   .... Sport.

Ü 6

Ich denke gerade an den Urlaub.
Und woran denken Sie?   Ich denke auch daran.
Ich denke gerade an die Arbeit.
.... ?   ....
Ich denke gerade an den Deutschkursus.
.... ?   ....
Ich denke gerade an den Unfall heute morgen.
.... ?   ....

Ü 7

Über wen sprecht ihr gerade?   Über Ali.
Na sowas, wir haben eben auch über ihn
gesprochen.
.... ?   .... Angela.
Na sowas, ...

An wen denkst du denn?   An meinen Freund Peter.
Na sowas, ...
.... ?   .. unsere Freundin Renate.
Na sowas, ...

Ü 8

Wofür interessiert sich Klaus?   Er interessiert sich für Politik.
.... Angela?   Sie .... Schach.
.... du dich?   Ich .... Fußball.
.... Sie sich?   Ich ....

Ü 9

Wie geht's deinem Bruder?　　Ich habe lange nichts mehr von ihm gehört.
.... Schwester?　　...................
.... Tante?　　...................
.... Onkel?　　...................

Ü 10

Wollen wir tanzen gehen, Tonio?　　Nein, ich habe keine Lust.
　　　　　　　　　　　　　　　　Du weißt doch, ich tanze nicht gern.
.... fernsehen, Karl?　　Nein, ...
　　　　　　　　　　　　　　......., ich sehe nicht gern fern.
.... zum Fußball gehen, Inge?
　　　　　　　　　　　　　　Nein, ...
　　　　　　　　　　　　　　......., ich gehe nicht gern zum Fußball.

Ü 11

Wo ist Tonio?　　Zum Tanzen.
Das wundert mich aber. Er tanzt doch nicht gern.
...... Karl?　　Er sieht fern.
Das ....
...... Inge?　　Sie ist zum Fußballspiel gegangen.
Das ....

Ü 12

Haben wir uns nicht letzte Woche im Schwimmbad gesehen?
　　　　　　　　　　Ja, richtig, ich erinnere mich.
.... in der Firma ....?
　　　　　　　　......., ...
.... in Frankfurt ....?
　　　　　　　　......., ...

Ü 13

Wollt ihr heute abend fernsehen?　　Nein, wir unterhalten uns lieber ein bißchen.
.... ins Kino gehen?　　..., ...
.... zum Fußballspiel gehen?　　..., ...

Ü 14

Wann willst du zu uns kommen? — Wenn ich mit meiner Arbeit fertig bin.

. . . . das Auto kaufen? — . . . . ich genug Geld habe.
. . . . nach Paris fahren? — . . . . ich Urlaub habe.
. . . . Urlaub machen? — . . . . mein Kollege aus dem Urlaub zurückkommt.

Ü 15

Wann wollen wir die Arbeit machen? — Wenn du willst, sofort.

. . . . schwimmen gehen? — . . . .
. . . . fernsehen? — . . . .
. . . . essen? — . . . .

Ü 16

Komm, wir gehen schwimmen. — Ist es nicht besser, wenn wir erst ein bißchen spazierengehen?

. . . . , ... tanzen. — Ist es . . . . , ... ein bißchen warten?
. . . . , ... ein Bier trinken. — Ist es . . . . , ... die Arbeit machen?
. . . . , ... ein Eis essen. — Ist es . . . . , ... einkaufen gehen?

Ü 17

Kommst du mit ins Kino? — Bist du mir böse, wenn ich nicht mitkomme?

. . . . tanzen? — Bist . . . . ?
. . . . schwimmen? — Bist . . . . ?
. . . . Eis essen? — Bist . . . . ?

Ü 18

Hast du Zeit zu uns zu kommen? — Wenn ich keine Überstunden machen muß, ja.

. . . . ? — . . . . nichts dazwischen kommt, ja.
. . . . ? — . . . . ich nicht zuviel Arbeit habe, ja.

Ü 19

Haben Sie Lust, zu mir zu kommen? Oh ja, gern.
.........., bei uns .. essen? ...,...
.........., mit in die Bar .. gehen? ...,...
.........., mit uns in den
Schwarzwald ... fahren? ...,...

Ü 20

Du, ich habe vergessen,
die Monatskarte zu kaufen. Es ist nicht schlimm, das kann ich
   morgen selbst machen.
..., ...,
den Brief ein .. werfen. Es ist ....,......
   ....
..., ...,
Herrn Arnold an .. rufen. Es ist ....,......
   ....
..., ...,
die Steuerkarte mit .. bringen. Es ist ....,......
   ....
..., ...,
die Rechnung ... zahlen. Es ist ....,......
   ....

Ü 21

Hast du dein Auto repariert? Nein, ich hatte bisher keine Zeit,
   es zu reparieren.
Hast du den Brief zur Post gebracht? Nein, ...
Hast du Peter angerufen? Nein, ...
Hast du dein Auto von der Werkstatt
geholt? Nein, ...

Ü 22

Das ist Herr Janos. Ich freue mich, Sie kennenzulernen.
Das ist Angela. ...., dich ....
Das sind Herr und Frau Brandt. ...., Sie ....

Ü 23

Meine Frau hat morgen Geburtstag. Wie alt wird sie denn? 28.
Matthias ....? 4.
Der Opa ....? 70.
Tante Lotte ....? 57.

TEST II (Einheiten VI bis X) 144

1.

a	Können	...... Sie Deutsch?
b	Wollen	Wann ..... Sie nach Bonn fahren?
c	Müssen	...... ich das Formular ausfüllen?
d	Dürfen	Hier .... man nicht rauchen.
e	Sollen	Du ..... zu ihm kommen.
f	Können	Er ..... leider nicht kommen.
g	Müssen	...... ihr heute Überstunden machen?
h	Sollen	...... er die Karten für euch mitbringen?
i	Wollen	.... ihr mit uns fahren?
j	Dürfen	Ich ..... nicht viel trinken.

2.

a Ich fahre im Juli in Urlaub. Ich will ....
b Ich steige in Paris um. Ich muß ....
c Ich unterschreibe den Vertrag nicht. Ich kann ....
d Ich besichtige die Wohnung. Ich möchte ....

3. einer, keiner, meiner oder welche?

a Hast du eine Zigarette für mich? Hier hast du ....
b Ist das dein Wagen? Nein, ... steht in der Werkstatt.
c Ist deine Wohnung schöner als ...... ?
d Hast du dir schon ein Wörterbuch gekauft? Nein, ich kaufe morgen ....
e Hast du Streichhölzer da? Ja, ich habe ......
f Haben Sie eine Postanweisung für mich? Ja, hier haben Sie ....
g Ich brauche ein Formular. Haben Sie ...... dabei?
h Haben Sie Briefmarken? Nein, ich habe leider ......
i Ich brauche einen Kugelschreiber. Tut mir leid, ich habe ......

4.

a Ist Herr Arnold zu Hause? Ich möchte ...... sprechen.
b Wo ist Karin? Ich habe ...... seit drei Tagen nicht gesehen.
c Kommt sie heute abend? Ich habe ...... nicht gefragt.
d Da kommt Herr Becker. Können Sie sich an ...... erinnern?
e Da seid ihr ja endlich. Wir haben schon lange auf ...... gewartet.
f Tag, Claudia, hast du einen Moment Zeit für ....? Ich möchte ...... nämlich sprechen.
g Meine Frau und ich möchten ...... einladen. Wann kannst du ...... besuchen?

5.
a Wie komme ich . . . . . . Kaiserstraße? . . . . . . U-Bahn.
b Wo arbeiten Sie? . . . . . . Firma Lenz.
c Wo hält der Bus? . . . . . . Rathaus.
d Wo wollen Sie das Wörterbuch kaufen? . . . . Buchhändler in der Karlstraße.
e Wo willst du die Zeitung kaufen? . . . . . . Kiosk gegenüber.
f Wo ist hier eine Buchhandlung? Gegenüber . . . . . . Post.
g Wo ist Fräulein Roth? . . . . . . Büro.
h Wo hast du Urlaub gemacht? . . . . . . Alpen.

6.
a Ist das dein Auto? Ja, es gehört . . . . . .
b Kannst du . . . . . . helfen? Sie kann das nicht allein tragen.
c Willst du morgen zu . . . . . . kommen? Meine Frau hat Geburtstag.
d Bring . . . . . . bitte schnell das Essen. Sie haben seit heute morgen nichts gegessen.
e Soll ich . . . . . . helfen? Du bist schon sehr müde.
f Gib . . . . . . das Buch bitte sofort. Er braucht es.
g Ich habe . . . . . . den Brief vor einer Woche geschrieben. Aber ihr habt immer noch nicht geantwortet.

7. dein
a Fährst du mit . . . . . . Eltern in Urlaub?
b Gehst du mit . . . . . . Freundin spazieren?
c Gib das bitte . . . . . . Meister!
d Sag bitte . . . . Mann Bescheid.

8.
a Bringen Sie bitte Fräulein Roth die Steuerkarte. Ich bringe . . . . . gleich.
b Bringen Sie bitte Frau Koch das Päckchen hier. Ich bringe . . . . . gleich.
c Zeigen Sie mir bitte Ihre Lohnabrechnung. Ich zeige . . . . gleich.
d Holen Sie mir bitte das Essen aus der Kantine. Ich hole . . . . gleich.

9.
a Mußt du in Paris umsteigen? Ja, ich steige in Paris . . . .
b Wann wollt ihr mit der Arbeit anfangen? Wir . . . . . in 5 Minuten . . . . .
c Wann müssen Sie Herrn Müller abholen? Ich . . . . ihn um 16 Uhr . . . .
d Hast du das Formular schon ausgefüllt? Noch nicht, ich . . es gleich . . .
e Wissen Sie, wann Frau Alonso zurückkommt? Sie . . . morgen . . . . . .
f Wissen Sie, wann er die Papiere mitbringt? Er . . . sie nachher . . . . .
g Wissen Sie, wann Alonsos umziehen? Sie . . . . . . nächste Woche . . .

10. haben oder sein

a Ich . . . . gestern im Kino gewesen.
b Ich . . . .einen Western gesehen.
c . . . . Sie letztes Jahr in Urlaub gefahren?
d Wo . . . . Sie zu Mittag gegessen?
e Wann . . . . du aufgestanden?
f Er . . . . letzten Monat viel gearbeitet.
g Er . . . das Stopschild nicht beachtet.
h Gestern . . . . es geregnet.
i Familie Alonso . . . . umgezogen.
j Ich . . . . mit Angela verabredet.

11.

a Wann bringst du Herrn Schmidt das Geld? Ich habe es ihm schon . . . . .
b Wann heiraten Matthias und Corona? Sie haben schon . . . . .
c Sie müssen Herrn Koch am Bahnhof abholen. Ich habe ihn schon . . . . .
d Sie müssen das Formular ausfüllen. Ich habe es schon . . . .
e Hoffentlich findest du dein Portemonnaie bald. Ich habe es schon . . . . .
f Wann fährt Herr Müller weiter? Er ist schon . . . .
g Du mußt dich mit Angela verabreden. Ich habe mich schon mit ihr . . . . .
h Wann gehen sie in die Stadt? Sie sind schon in die Stadt . . . .
i Wann fängt der Film an? Er hat schon . . . . . .
j Wollt ihr etwas essen? Wir haben schon . . . . . .

12.

a schön   Deine Wohnung ist . . . . . als meine.
b alt   Bist du . . . . . als ich?
c viel   Verdienst du . . . . . als ich?
d hoch   Ist deine Miete . . . . . als seine?
e gut   Er spricht . . . . . Deutsch als sie.
f teuer   Wein ist . . . . . als Bier.

13. wie oder als?

a Ich glaube, er ist so alt . . . . Sie.
b Das Auto fährt schneller . . . . das Fahrrad.
c Das Essen hier ist nicht so gut, ... ich gedacht habe.
d In Spanien ist es so warm . . . . in Jugoslawien.
e Die Wohnung ist viel kleiner, ... ich gedacht habe.

14.

a Können Sie mir sagen,
- O wann abfährt der Zug?
- O wann fährt der Zug ab?
- O wann der Zug abfährt?

b Wissen Sie,
- O wieviel kostet eine Fahrkarte nach Hamburg?
- O wieviel eine Fahrkarte nach Hamburg kostet?
- O wieviel eine Fahrkarte kostet nach Hamburg?

c Hat er dir schon erzählt,
- O wie war das Wetter in Italien?
- O wie das Wetter war in Italien?
- O wie das Wetter in Italien war?

d Warum ist er heute nicht zur Arbeit gekommen?
- O Weil er zum Arzt muß.
- O Weil zum Arzt er muß.
- O Weil er muß zum Arzt.

e Warum ist Herr Schmidt heute nicht zu uns gekommen?
- O Weil er schon ist weitergefahren.
- O Weil er ist weitergefahren schon.
- O Weil er schon weitergefahren ist.

f Weißt du,
- O wie alt ist er?
- O wie alt er ist?
- O wie er alt ist?

15.

a Ich war letzte Woche in Paris. Ich habe . . . . gut amüsiert.
b Sie haben . . . . im Club kennengelernt.
c Maria hat . . . . heute mit Hans getroffen.
d Wir haben . . . . in Hamburg kennengelernt.
e Interessiert ihr . . . . für Politik?
f Erinnerst du . . . . an meinen Freund Karl?
g Er unterhält . . . . die ganze Zeit nur mit Angela.
h Möchten Sie . . . . dahin setzen?

16. dafür, darüber oder daran?

a Ich interessiere mich für Politik. Interessieren Sie sich auch . . . . ?
b Ich denke oft an unseren Urlaub. Denken Sie auch . . . .?
c Wir sprechen oft über die Arbeit. Sprecht ihr auch oft . . . . . ?
d Wir unterhalten uns gerade über Fußball. Unterhaltet ihr euch auch . . . ?

17.

a Wann willst du das Auto kaufen?

(Ich muß erst genug Geld haben.)
Wenn . . . .

b Wann willst du zu uns kommen?

(Ich muß erst mit der Arbeit fertig sein.)
Wenn . . . .

c Willst du uns zu dir einladen?

(Ja, aber mein Haus muß erst fertig sein.)
Wenn . . . ., ja.

d Darf ich mit deinem Auto fahren?

(Ja, aber du mußt gut aufpassen.)
Wenn . . . ., ja.

e Hast du Zeit zu uns zu kommen?

(Ja, aber es darf nichts dazwischen kommen.)
Wenn . . . ., ja.

18.

a Willst du nach Spanien fahren? Oh ja. Ich habe Lust, nach Spanien . . . .

b Hast du schon das Essen gemacht? Leider nicht. Ich habe bisher keine Zeit gehabt, das Essen . . . .

c Hast du genug Bier im Kühlschrank? Leider nicht. Ich habe keine Zeit gehabt, Bier . . . . . .

d Hast du deine Firma angerufen? Nein. Ich habe vergessen, sie . . . .

EINHEIT XI / Teil 1

Im Kaufhaus

– Guten Tag. Sie wünschen?
– Ich möchte einen Mantel kaufen.
– An welche Farbe haben Sie gedacht?
– Grau oder braun, das ist mir gleich.
– Die grauen Mäntel hängen hier. Welche Größe haben Sie denn?
– Das weiß ich leider nicht.
– Ziehen Sie bitte mal den Mantel hier an.
– Der paßt ja ausgezeichnet. Was kostet der denn?
– Der steht Ihnen sehr gut, und das ist eine sehr gute Qualität: reine Wolle. Er kostet nur DM 200,–.

– Guten Tag. Sie wünschen?
– Ich möchte eine Hose kaufen.
– An welche Farbe . . . .
– . . . .

– Guten Tag. Sie wünschen?
– Ich möchte eine Bluse kaufen.
– An welche Farbe . . . .
– . . . .

– Guten Tag. Sie wünschen?
– Ich möchte eine Jacke kaufen.
– . . . .
– . . . .

– Welche Größe . . . . ?
– . . . .
– Ziehen Sie . . . .
– . . . .

– Welche Größe . . . . ?
– . . . .
– . . . .
– . . . .

– . . . .
– . . . .
– . . . .

EINHEIT XI / Teil 2

Ich brauche ein Paar Winterschuhe

– Ich brauche ein Paar Winterschuhe.
– Bitte, nehmen Sie Platz. Welche Schuhgröße haben Sie?
– 38.
– Hier habe ich ein Paar sehr schöne und warme Schuhe. Wollen Sie sie probieren?
– Die drücken ein bißchen.
– Dann probieren Sie bitte mal die hier. Sie sind eine halbe Nummer größer.
– Ja, die passen gut und sind auch sehr bequem. Die nehme ich.
– Zahlen Sie bitte an der Kasse.

– Ich brauche ein Paar Stiefel.
– Bitte, ...
– . . . .
– . . . .

– . . . .
– . . . .
– . . . .

– Ich brauche ein paar Sandalen.
– Bitte, ...
– . . . .
– . . . .

– . . . .
– . . . .
– . . . .

Wie findest du das hellbraune Bett?

Verkäufer:	Bitte, was darf es sein?
Antonio:	Wir möchten Möbel kaufen.
Verkäufer:	Möchten Sie sich vorher etwas umsehen? Hier haben wir sehr schöne und preiswerte Schlafzimmer. Einen Stock höher sind die Wohnzimmer und die Küchen.
Karin:	Sieh mal, Antonio, wie findest du das hellbraune Bett da in der Ecke?
Antonio:	Welches?
Karin:	Das mit der roten Decke.
Antonio:	Ja, das ist ganz schön.
Karin:	Sehen wir es uns doch genauer an.
Antonio:	Es kostet DM 700,–. Das ist eigentlich nicht zu teuer.
Karin:	Was für Holz ist das?
Antonio:	Das Bett ist aus Nußbaum. Das ist eine gute Qualität. Wollen wir es nehmen?
Karin:	Ja, gern. Und was für einen Schrank kaufen wir für das Schlafzimmer?
Antonio:	Am besten auch einen hellbraunen. Gefällt dir der da?
Karin:	Ja, der ist schön, aber wir wollten doch einen größeren Schrank kaufen. Komm, wir schauen uns mal den weißen da mit den roten Schubladen an. Der ist auch sehr schön und hat die richtige Größe.
Antonio:	Aber der paßt nicht zu dem hellbraunen Bett.
Karin:	Du hast recht, dann schauen wir woanders.

Wir brauchen einen Kredit

Antonio und Karin haben endlich gefunden, was sie die ganze Zeit gesucht haben. Das Schlafzimmer ist aber so teuer, daß sie es nicht auf einmal bezahlen können. Zuerst wollten sie es in Raten bezahlen, aber dann ist Karin auf die Idee gekommen, einen Kredit aufzunehmen.

Karin:	Wir möchten Möbel kaufen. Können wir einen Kredit bekommen?
Angestellter:	Wieviel Geld wollen Sie aufnehmen?
Karin:	DM 1000,-.
Angestellter:	Wieviel können sie monatlich zurückzahlen?
Karin:	Wir haben ausgerechnet, daß wir bis DM 100,- zurückzahlen können.
Angestellter:	In Ordnung. Zur Zeit nehmen wir 10 % Zinsen pro Jahr. Wir brauchen den Ausweis von Ihrem Mann und eine Verdienstbescheinigung von seinem Arbeitgeber.
Karin:	Hier bitte.
Angestellter:	Danke. Dann füllen Sie bitte das Formular hier aus. Aber einen Moment bitte. Ich sehe, daß Ihr Mann Ausländer ist. Da braucht er einen deutschen Bürgen.
Karin:	So? Kann ich denn nicht für ihn bürgen?
Angestellter:	Ja, wenn Sie berufstätig sind und ein festes Einkommen haben.
Karin:	Das trifft bei mir zu.
Angestellter:	Wollen Sie bitte einen Moment warten? Sie bekommen das Geld an der Kasse.

EINHEIT XI / Teil 5

Da kann nur die Polizei helfen

Sekretärin:	Herr Salvatore wartet im Vorzimmer.
Rechtsanwalt:	Lassen Sie ihn bitte hereinkommen.
Herr Salvatore:	Guten Tag, mein Name ist Salvatore. Ich habe gestern mit Ihnen telefoniert, und Sie haben mich gebeten, heute hierher zu kommen.
Rechtsanwalt:	Guten Tag, Herr Salvatore. Ich kann mich an Ihren Fall erinnern, aber können Sie ihn mir noch einmal erklären?
Herr Salvatore:	Vor einem halben Jahr hat ein Vertreter meiner Frau einen Staubsauger angeboten. Sie hat damals einen Vertrag unterschrieben und DM 100,– angezahlt. Der Vertreter wollte den Staubsauger eine Woche später liefern. Aber wir haben ihn nie bekommen.
Rechtsanwalt:	Zeigen Sie mir mal den Vertrag. Wissen Sie, ob die Firma überhaupt existiert?
Herr Salvatore:	Ja. Ich bin sogar schon in der Firma gewesen, aber die sagt, daß sie mit dem Vertrag nichts zu tun hat und daß sie den Vertreter nicht kennt.
Rechtsanwalt:	Haben Sie Ihre Nachbarn gefragt, ob der Mann auch bei ihnen gewesen ist?
Herr Salvatore:	Ja, er ist bei fast allen ausländischen Familien gewesen. Einige haben auch solche Verträge unterschrieben. Ich habe hier welche mitgebracht.
Rechtsanwalt:	Na ja, ich möchte das überprüfen, aber ich bin fast sicher, daß in dem Fall nur die Polizei helfen kann. Der Vertreter ist bestimmt ein raffinierter Betrüger. Ja, man muß eben richtig aufpassen, wenn man solche Verträge unterschreibt. Und außerdem darf man einem Unbekannten nie Geld geben.

Übungen

Ü 1
Wie gefällt dir der weiße Schrank da?   Ganz gut, aber der braune gefällt mir besser.

.... der große Kühlschrank da?   ...., ... der kleine ..
....

.... der runde Tisch da?   ...., ... der viereckige ....

Ü 2
Wie gefällt dir das niedrige Regal hier?   Ganz gut, aber das hohe gefällt mir besser.

.... das weiche Bett hier?   ...., ... das harte ..
....

.... das dunkle Schlafzimmer hier?   ...., ... das helle ...
....

Ü 3
Wie gefällt dir die rote Decke da?   Ganz gut, aber die blaue gefällt mir besser.

.... die halbautomatische Waschmaschine da?   ...., ... vollautomatische ....

.... die gelbe Lampe da?   ...., ... die grüne ..
....

Ü 4
Wie findest du den weißen Schrank da?   Ganz gut, aber den braunen finde ich viel besser.

.... den großen Kühlschrank da?   ...., ... den kleinen
....

.... den runden Tisch da?   ...., ... den viereckigen ....

Ü 5
Wie findest du das niedrige Regal hier?   Ganz gut, aber das hohe finde ich viel besser.

.... das weiche Bett hier?   ...., ... das harte ..
....

.... das dunkle Schlafzimmer hier?   ...., ... das helle ...
....

Ü 6

Wie findest du die rote Decke da?
.... die halbautomatische Waschmaschine da?
.... die gelbe Lampe da?

Ganz gut, aber die blaue finde ich viel besser.
........, ... die vollautomatische ....
........, ... die grüne ..
....

Ü 7

Ist das ein neuer Mantel?
.... Pullover?
.... Hut?

Nein, den habe ich schon lange.
..., ...
..., ...

Ü 8

Ist das ein neues Hemd?
.... Kleid?
.... Buch?

Nein, das habe ich schon lange.
..., ...
..., ...

Ü 9

Ist das eine neue Bluse?
.... Krawatte?
.... Jacke?

Nein, die habe ich schon lange.
..., ...
..., ...

Ü 10

Willst du einen neuen Mantel kaufen?
.... Koffer .... ?
.... Hut ...... ?

Nein, mein alter ist noch gut.
..., ...
..., ...

Ü 11

Willst du ein neues Auto kaufen?
.... Fahrrad .... ?
.... Motorrad ... ?

Nein, mein altes ist noch gut.
..., ...
..., ...

Ü 12

Willst du eine neue Schreibmaschine kaufen?

. . . . Waschmaschine . . . . ?

. . . . Mappe . . . . . ?

Nein, meine alte ist noch gut.

. . . , ...

. . . , ...

Ü 13

Wie findest du die braun**en** Schuhe?

. . . . die weißen Stiefel?

. . . . die schwarzen Handschuhe?

Die schwarzen gefallen mir besser.

Die roten . . . .

Die blauen . . . .

Ü 14

Sind das spanisch**e** Apfelsinen?

. . . . . . italienische Birnen?

. . . . . . deutsche Äpfel?

. . . . . . griechische Oliven?

Nein, das sind italienische.

. . . , ... französische.

. . . , ... holländische.

. . . , ... türkische.

Ü 15

Haben Sie spanisch**e** Apfelsinen?

. . . . . . italienische Birnen?

. . . . . . deutsche Äpfel?

. . . . . . griechische Oliven?

Nein, aber wir haben sehr gute aus Italien.

. . . , ... aus Frankreich.

. . . , ... aus Holland.

. . . , ... aus der Türkei.

Ü 16

Haben Sie spanisch**e** Apfelsinen?

. . . . . . italienische Birnen?

. . . . . . deutsche Äpfel?

. . . . . . griechische Oliven?

Nein, wir haben leider keine spanisch**en** Apfelsinen mehr.

. . . .
. . . .

. . . .
. . . .

. . . .
. . . .

Ü 17
Ist das dein neuer Mantel?   Ja, gefällt er dir?
..... dein .... Pullover?   .., ... ?
..... dein .... Hut?   .., ... ?

Ü 18
Ist das Ihr neues Hemd?   Ja, gefällt es Ihnen?
..... Ihr .... Kleid?   .., ... ?
..... Ihr .... Auto?   .., ... ?

Ü 19
Ist das deine neue Bluse?   Ja, gefällt sie dir?
..... deine .... Krawatte?   .., ... ?
..... deine .... Jacke?   .., ... ?

Ü 20
Welcher Rock gefällt dir am besten?   Der mit dem braun**en** Gürtel.
...... Tisch .... ?   ... mit der rot**en** Tischdecke.
Welches Regal .... ?   Das mit den weiß**en** Schubladen.
...... Bett .... ?   ... mit der hellen Decke.
Welche Bluse .... ?   Die mit den blauen Punkten.
...... Jacke .... ?   ... mit den schwarzen Knöpfen.

Ü 21
Welchen Wagen möchten Sie nehmen?   Den roten oder den blauen?
                                          Den roten.
...... Tisch .... ?   Den hohen oder den niedrigen?
                                          ....
Welches Kleid .... ?   Das weiße oder das blaue?
                                          ....
...... Hemd .... ?   Das karierte oder das gestreifte?
                                          ....
Welche Badehose .... ?   Die gelbe oder die blaue?
                                          ....
...... Krawatte .... ?   Die bunte oder die rote?
                                          ....
Welche Schuhe .... ?   Die schwarzen oder die braunen?
                                          ....
...... Stiefel .... ?   Die weißen oder die roten?
                                          ....
...... Handschuhe .... ?   Die grauen oder die schwarzen?
                                          ....

Ü 26

Solltest du heute nicht zum Arzt gehen?
.... Überstunden machen?
.... die Rate bezahlen?

Wie kommst du auf die Idee?
..............?
................?

Ü 27

(Wir können monatlich DM 250,- zurückzahlen)
Wir haben ausgerechnet, daß wir monatlich DM 250,- zurückzahlen können.

(Wir können monatlich DM 100,- zurückzahlen)
.............., daß ....

(Wir können monatlich DM 50,- zurückzahlen)
.............., daß ....

Ü 28

(Ihr Mann ist Ausländer)
Ich sehe, daß Ihr Mann Ausländer ist.

(Sie sind verheiratet)
......., daß ....

(Sie sind berufstätig)
......., daß ....

Ü 29

(Maria kann Deutsch)
Ich weiß, daß Maria Deutsch kann.

(Antonio spielt gern Fußball)
......., daß ....

(Peter geht gern tanzen)
......., daß ....

Ü 30

(Wir finden eine Wohnung)
Ich bin sicher, daß wir eine Wohnung finden.

(Karl kommt heute nachmittag)
.........., daß ....

(Peter hat genug Geld)
.........., daß ....

Ü 31

        (Kann Herr Müller heute kommen?)
Wissen Sie, ob Herr Müller heute kommen kann?

        (Hat Karl ein Auto gekauft?)
Weißt du,   ob Karl . . . . ?

        (Gibt es heute Geld?)
Wissen Sie, ob . . . . ?

Ü 32

(Hat Peter genug Geld?)
Hast du Peter gefragt, ob er genug Geld hat?

(Kommen deine Schwiegereltern zum Kaffeetrinken?)
. . . . deine Schwiegereltern . . . . . . , ob . . . . ?

(Fährt Herr Bender morgen in Urlaub?)
. . . .Herrn Bender . . . . . . , ob . . . . ?

Ü 33

Können Sie sich an unseren Besuch
bei Beckers erinnern?   Ja, ich denke oft daran.
Können Sie . . . . Ausflug
nach Bonn . . . . ?   Ja, ...
Kannst du dich . . . . Freund
Peter . . . . ?   Ja, ... an ihn.
Kannst . . . . Freundin
Angela . . . . ?   Ja, ... an sie.

Ü 34

Haben Sie nicht den Vertrag hier
unterschrieben?   Nein, damit habe ich nichts zu tun.
. . . . nicht den Staubsauger
hier verkauft?   . . . , ...
. . . . nicht die Maschine hier
kaputt gemacht?   . . . , ...

T a

	(grün)
Karin:	Sieh mal, wie findest du die . . . . . Couch?
Antonio:	Welche?
Karin:	Die da in der Ecke.
	(schön)
Antonio:	Ja, die ist sehr . . . . . .
	(grün)
Karin:	Und wie gefallen dir die . . . . . . Sessel? Passen sie nicht gut dazu?
Antonio:	Ja, aber soviel Geld haben wir jetzt nicht. Ich wollte doch (klein) nur ein . . . . . . Regal für das Wohnzimmer kaufen.
	(neu) (größer)
Karin:	Und ich einen . . . . . Elektroherd, einen . . . . . . Kühl-(vollautomatisch) schrank und eine . . . . . . Waschmaschine für die Küche.
Antonio:	Ja, du hast vollkommen recht. Aber wer bezahlt das alles?
Karin:	Entweder müssen wir 10 Jahre lang sparen oder morgen im Lotto gewinnen.

T b

welcher, welches oder welche?

. . . . . . Bett gefällt Ihnen am besten?
. . . . . . Linie fährt zum Bahnhof?
. . . . . . Bus fährt zur Rheinstraße?
. . . . . . Rock paßt zu meiner Bluse?

T c

daß oder ob?

(Wir können DM 100,– monatlich zurückzahlen.)
Wir haben ausgerechnet, ...
(Du hast eine Wohnung gefunden.)
Ich weiß, ...
(Kommt Herr Müller heute zu Ihnen?)
Wissen Sie, ...
(Will er einen Kredit aufnehmen?)
Fragen Sie ihn bitte, ...
(Sie braucht einen Bürgen)
Sagen Sie ihr, ...

EINHEIT XII / Teil 1

Wir machen heute Inventur

Herr Martin:	Was machen wir heute, Herr Weber?
Herr Weber:	Wir müssen das ganze Werkzeug einräumen. Wir machen heute Inventur.
Herr Martin:	Wohin kommen die Zangen hier?
Herr Weber:	Die legen Sie bitte in den Schrank Nr. 6 in das dritte Fach. Und bringen Sie einen leeren Werkzeugkasten mit.
Herr Martin:	Wo stehen denn die Werkzeugkästen?
Herr Weber:	Gucken Sie mal dahinten. Da in dem Regal müssen sie stehen.
Herr Martin:	Verdammt! Jetzt habe ich mich schon wieder an dem Karren gestoßen. Den stelle ich aber jetzt in den Flur.
Herr Weber:	Ja, der steht schon eine ganze Weile im Weg. Stellen Sie ihn doch neben den Aufzug. Ach, wir müssen noch die Karteikarten holen. Gehen Sie bitte ins Büro. Die liegen da auf dem Schreibtisch.

Herr Martin:	Hier auf dem Tisch liegen sie nicht.
Herr Weber:	Dann gucken Sie mal bitte in die rechte Schublade.
Herr Martin:	Die Schublade ist aber zu. Wie kann ich sie aufmachen?
Herr Weber:	Der Schlüssel liegt auf dem Tisch.
Herr Martin:	Ja, hier in der Schublade sind die Karten.
Herr Weber:	So, da hätten wir es. Und jetzt setzen wir uns erst mal und machen Frühstück.
Herr Martin:	Müssen wir heute Überstunden machen?
Herr Weber:	Wenn alles klappt, nicht. Sonst müssen wir vielleicht zwei bis drei Stunden länger arbeiten. Aber jetzt essen wir erst mal in Ruhe und lesen die Zeitung. Haben Sie eine Zigarette für mich, Herr Martin?
Herr Martin:	Ja, die Zigaretten stecken in meiner linken Jackentasche. Die Jacke hängt da an der Wand.
Herr Weber:	Danke. Hat's geschmeckt?
Herr Martin:	Ja, danke. Aber jetzt müssen wir uns beeilen. Sonst werden wir nie fertig.

Stellen Sie bitte den Werkzeugkasten hier unter den Tisch.

Stellen Sie bitte das Brett hinter den Schrank.

– Wo sind denn die Schraubenschlüssel?
– Die hängen über der Werkbank.

– Wo steht die Kiste?
– Hier vor dem Fahrstuhl.

Nächste Woche findet die Wahl zum Betriebsrat statt

Karl: Nächste Woche findet die Wahl zum Betriebsrat statt. Können auch Ausländer wählen und sich wählen lassen?

Tonio: Ja, früher konnten wir nur wählen, aber nach dem neuen Betriebsverfassungsgesetz können wir auch kandidieren. Hier haben wir endlich die gleichen Rechte, wie unsere deutschen Kollegen.

Karl: Wieviel Ausländer kandidieren diesmal?

Tonio: Ich glaube drei: zwei Italiener und eine Jugoslawin. Die Griechen hatten auch vor, einen Kandidaten vorzuschlagen, aber der arbeitet erst seit vier Monaten im Betrieb. Nach dem Gesetz muß er mindestens sechs Monate hier beschäftigt sein. Willst du auch Ausländer wählen?

Karl: Warum nicht? Ich bin immer dafür gewesen, daß ausländische Arbeiter im Betriebsrat vertreten sind. Wer kandidiert von euch?

Tonio: Marco und Pietro und von den Jugoslawen die Kollegin Oros.

Karl: Ach, den Pietro kenne ich gut. Der ist ein prima Kumpel. Er hat sicher gute Chancen.

Tonio: Er kriegt auch meine Stimme. Aber es gibt auch gute Kollegen unter den deutschen Kandidaten.

Karl: Ja, die Nationalität spielt eigentlich keine Rolle. Es kommt nur darauf an, daß die Kandidaten gut sind. Sie müssen für unsere Rechte kämpfen.

Tonio: Das ist auch meine Meinung. Nächste Woche wählen wir die besten Kollegen.

Die Maschine taugt nichts

Marcos:	Sieh mal hier meine Abrechnung. Ich kann das überhaupt nicht verstehen. In meinem Arbeitsvertrag steht: Akkordarbeiter verdienen zur Zeit durchschnittlich DM 8,50 pro Stunde. Als Lohnarbeiter sollte ich mindestens DM 6,50 pro Stunde bekommen. Und was habe ich tatsächlich gekriegt? DM 6,–!
Ramón:	Was? Nur DM 6,–? Das kann nicht stimmen. Gib mal die Abrechnung her! Doch, du hast recht, mehr als DM 6,– hast du nicht bekommen. Was willst du dagegen machen? Vielleicht kann Pedro dir helfen. Das ist der Vertrauensmann. Der kann mit dir zum Meister gehen.
Meister:	Die Abrechnung stimmt. Ja, Herr Marcos arbeitet im Akkord, aber seine Leistung ist zu niedrig. Die DM 8,50 sind kein Garantielohn. Die meisten Akkordarbeiter verdienen hier soviel, aber da entscheidet die Leistung.
Vertrauensmann:	Und der Garantielohn von DM 6,50 für Lohnarbeiter?
Meister:	Ja, Herr Marcos ist kein Lohnarbeiter.
Betriebsratsmitglied:	Was ist los, Pedro? Was möchte der Kollege?
Vertrauensmann:	Der Kollege hat zu wenig Geld bekommen. Er mußte den ganzen Monat sehr viel arbeiten. Trotzdem hat er zu wenig verdient.
Betriebsratsmitglied:	Gib mir mal seine Abrechnung. Ja, die stimmt. Arbeitet der Kollege am Fließband?

Vertrauens- mann:	Nein, er arbeitet in der Schlosserei, an der alten Maschine neben Herrn Schwarz. Der Kollege wollte die Maschine nicht haben. Aber der Vorarbeiter hat ihm keine andere gegeben.
Betriebsrats- mitglied:	Ja, dann ist mir alles klar. Die Maschine taugt nichts. Dort konnte bisher kein Mensch sein Geld verdienen. Ich spreche mit der Direktion und erledige den Fall. Da gibt's sicher kein Problem. Sonst müssen wir zum Arbeitsgericht gehen. Ist der Kollege in der Gewerkschaft?
Vertrauens- mann:	Ja.
Betriebsrats- mitglied:	Dann kann ihn ja die Gewerkschaft beim Arbeitsgericht vertreten, falls es soweit kommt.

Übungen

Ü 1

Wohin kommen	die Zangen?	Legen Sie sie bitte in den Schrank da.
. . . .	die Schrauben- zieher?	. . . . in den Werkzeug- kasten.
. . . .	die Bücher?	Stellen . . . . in das Regal da.
. . . .	die Ordner?	. . . . in das Fach da.
. . . .	die Karten?	Stecken . . . . . . in die Mappe da.
. . . .	die Zigaretten?	. . . . in die linke Jackentasche.

Ü 2

Wo sind	die Zangen?	Die liegen hier im Schrank.
. . . . .	die Schraubenzieher?	. . . . im Werkzeugkasten.
. . . . .	die Bücher?	Die stehen hier im Regal.
. . . . .	die Ordner?	. . . . im Fach.
. . . . .	die Karten?	Die stecken hier in der Mappe.
. . . . .	die Zigaretten?	. . . . in der linken Jackentasche.

Ü 3

Soll ich die Ordner hier ins Regal stellen?	Nein, stellen Sie sie bitte hier auf den Schreibtisch.
. . . . . . die Wäsche ins Fach legen?	. . ., ... auf das Bett.
. . . . . . den Karren neben den Aufzug stellen?	. . ., ... an die Wand.
. . . . . . die Jacke in den Schrank hängen?	. . ., ... an die Garderobe.

Ü 4

Wo stehen die Ordner?	Hier auf dem Tisch.
Wo liegt die Wäsche?	. . . . Bett.
Wo steht der Karren?	. . . neben . . Aufzug.
Wo hängt die Jacke?	. . . an . . . . Garderobe.

Ü 5

Wo liegt die Wäsche?	Auf dem Tisch?	Nein, hier auf der Waschmaschine.
Wo steht das Essen?	In . . . . Küche?	. . ., hier auf . . . Tisch.
Wo hängt die Jacke?	An . . . Garderobe?	. . ., hier an . . . Wand.
Wo ist die Zeitung?	In . . . . Mappe?	. . ., hier auf . . . Sessel.

Ü 6

Wohin soll ich die Wäsche legen?
Auf den Tisch?   Nein, legen Sie sie bitte
                           hier auf . . . Waschmaschine.

. . . . den Karren stellen?
Neben . . . Aufzug?   . . ., ...
                           hier neben . . . Tür.

. . . . den Ordner stellen?
Auf . . . Tisch?   . . ., ...
                           hier in . . . Regal.

. . . . die Karten legen?
In . . . Schrank?   . . ., ...
                           hier in . . . Schublade.

Ü 7

Kann ich mich hierhinsetzen,   Nein, setzen Sie sich nur. Der Platz
Herr Müller? Oder sitzt da schon   hier ist noch frei.
jemand?

. . . .,
Frau Becker? . . . . ?   Nein, ...

. . . .,
Fräulein Roth? . . . . ?   Nein, ...

Ü 8
Stellen Sie bitte den Karren neben den Aufzug.   Ich habe ihn schon neben den Aufzug gestellt.

.... das Brett hinter den Schrank.   ....

.... die Kiste vor den Aufzug.   ....

Ü 9
Legen Sie bitte die Karteikarten auf den Tisch.   Ich habe sie schon auf den Tisch gelegt.

.... die Koffer unter das Bett.   ....

.... die Essenmarken auf meinen Tisch.   ....

Ü 10
Wollte sich Herr Schmidt nicht neben dich setzen?   Nein, er hat sich neben Herrn Mayer gesetzt.

.... Frau Koch .... ?   Nein, ... neben Fräulein Roth ....

.... Tonio .... ?   Nein, ... neben Hans ....

Ü 11
Steht der Karren neben dem Aufzug?   Ich glaube ja. Wenigstens hat er gestern da gestanden.

.... das Brett hinter dem Schrank?   ....

.... die Kiste vor dem Aufzug?   ....

Ü 12
Liegen die Schraubenzieher im dritten Fach?   Ich glaube ja. Wenigstens haben sie gestern da gelegen.

..... die Karteikarten auf dem Tisch?   ....

..... die Koffer unter dem Bett?   ....

Ü 13
Wo sitzt Herr Schmidt?   Vor 5 Minuten hat er da vorn gesessen.

.... Frau Koch?   .... da hinten ....

.... Fräulein Roth?   .... da drüben ....

Ü 14

Arbeiten Sie bitte nicht so schnell.
.... langsam.
Machen Sie bitte das Fenster zu.
Komm, wir müssen gehen.

Sonst werden Sie gleich müde.
.... nie fertig.
.... wird es zu kalt.
.... zu spät.

Ü 15

Was machen Sie heute abend?
....
morgen?
....
übermorgen?
....
am Wochenende?

Ich habe vor, fernzusehen.

........, meine Eltern zu besuchen.

........, einkaufen zu gehen.

........, einen Ausflug zu machen.

Ü 16

Willst du auch einen Spanier wählen?
...... morgen zu Hause bleiben?
...... bis zum Arbeitsgericht gehen?
...... einen Kredit aufnehmen?

Es kommt darauf an,
wer von euch kandidiert.
............,
was ihr morgen vorhabt.
............,
was die Firma antwortet.
............,
wieviel Zinsen ich bezahlen muß.

Ü 17

Sind in deiner Firma viele Kollegen in der Gewerkschaft?
Machen in deiner Firma .... Kollegen Überstunden?
Sind die Mieten in deinem Stadtviertel hoch?

Sind die Preise in deiner Stadt .....?
Sind die Teilnehmer in Ihrem Kurs gut?
Sind die Facharbeiter in deiner Abteilung .....?

Ja, die meisten.

Ja, ...

Ja, es sind die höchsten in der ganzen Stadt.
Ja, es sind .... in der ganzen BRD.
Ja, es sind die besten in der ganzen Schule.
Ja, es sind ...... in der ganzen Firma.

Ü 18

Sollen die ausländischen Arbeiter im Betriebsrat vertreten sein?
    Ja, ich bin dafür.
Sollen die Frauen genausoviel verdienen wie die Männer?
    ....
Sollen die Frauen die gleichen Rechte haben wie die Männer?
    ....
Sollen ausländische Arbeiter weniger Rechte haben als deutsche Arbeiter?
    Nein, ich bin dagegen.
Sollen die Frauen die Arbeit zu Hause ganz allein machen?
    ....
Sollen ausländische Kinder weniger Chancen haben als deutsche?
    ....

Ü 19

Haben Sie einen Arbeitsvertrag? ....

Arbeiten Sie im Akkord? ....

Gibt es in Ihrer Abteilung einen ausländischen Vertrauensmann? ....

Können Sie mit Ihrer Maschine gut arbeiten? ....

Arbeiten Sie am Fließband? ....

Sind Sie in der Gewerkschaft? ....

Warum? ....

Warum nicht? ....

Gibt es in Ihrer Heimat auch Gewerkschaften? ....

Waren Sie schon einmal beim Arbeitsgericht? ....

Wer hat Sie dort vertreten? ....

Ü 20

Können ausländische Arbeiter an der Betriebsratswahl teilnehmen? ....

Können ausländische Arbeiter für den Betriebsrat kandidieren? ....

Haben ausländische Arbeiter schon immer das Recht gehabt, für den Betriebsrat zu kandidieren? ....

Wie lange muß man im Betrieb arbeiten, wenn man kandidieren will? ....

Warum sollen ausländische Arbeiter im Betriebsrat vertreten sein? ....

Sind Sie auch dafür, deutsche Kandidaten zu wählen? ....

Wann hat die letzte Betriebsratswahl in Ihrem Betrieb stattgefunden? ....

Wieviel ausländische Arbeiter sind zur Zeit in Ihrer Firma Betriebsratsmitglieder? ....

Kennen Sie das Betriebsverfassungsgesetz (BVG)? ....

Testübungen

T a

stellen oder stehen?

Wohin kommen die Bücher?	. . . . Sie sie bitte in . . . Regal.
Wo sind die Bücher?	Sie . . . . Regal.
Wo ist meine Tasche?	Ich habe Sie auf . . . Stuhl . . . .
Wohin kommen die Koffer?	. . . . Sie sie bitte neben . . . Bett.
Wo ist der Karren?	Er hat eben noch hier . . . .

T b

legen oder liegen?

Wo sind meine Bleistifte?	Sie . . . . . . in . . . Schublade.
Wohin kommen die Karteikarten?	. . . . Sie sie bitte auf . . . Tisch.
Wo ist mein Schraubenschlüssel?	Ich habe ihn auf . . . Werkbank . . . . .
Wo sind meine Zigaretten?	Sie haben vor 10 Minuten noch hier . . .

T c

Wollte Herr Martin den Karren nicht neben den Aufzug stellen?	Er hat ihn schon dahin . . . .
Wollte der Portier die Koffer nicht auf den Schrank legen?	Er hat sie schon dahin . . . .
Wollte Herr Martin die Schraubenschlüssel nicht an das Brett hängen?	Er hat sie schon dahin . . . .
Wollte sich Herr Janos nicht neben dich setzen?	Nein, er hat sich neben Herrn Müller . . . . . .

T d

stehen, liegen oder sitzen?

Wo ist Herr Janos?	Vor 5 Minuten hat er noch im Flur auf der Bank . . . .
Wo ist mein Portemonnaie?	Es hat eben noch hier . . . .
Ist Herr Schmidt schon wieder da?	Er hat vorhin erst in der Kantine bei mir am Tisch . . . .
Hast du die Fahrkarte gleich bekommen?	Nein, ich habe eine halbe Stunde am Schalter . . . .

Warum bringen Sie Ihr Kind nicht in einen Kindergarten?

Frau Minelli ist vor einem Jahr in die BRD gekommen. Ihre Tochter Claudia ist jetzt drei Jahre alt. Bisher hat Frau Minelli zu Hause gearbeitet. Aber jetzt muß sie arbeiten gehen. Letzten Monat hat der Hausbesitzer die Miete erhöht.
Aber wo soll die Kleine den ganzen Tag bleiben?
Frau Minelli fragt ihre Nachbarin, die auch Kinder hat und gleichzeitig berufstätig ist.

Frau Weber:	Warum bringen Sie Claudia nicht in einen Kindergarten?
Frau Minelli:	Und an wen muß ich mich wenden, um einen Platz für Claudia zu finden?
Frau Weber:	Gehen Sie doch zu einer Beratungsstelle für ausländische Arbeiter!

Gestern war Frau Minelli den ganzen Vormittag unterwegs. Sie hat viele Kindergärten besucht, aber sie hat kein Glück gehabt. Sie hat immer die gleiche Antwort bekommen: „Leider haben wir im Moment keinen Platz frei. Wir müssen Sie auf eine Warteliste setzen, aber es kann bis zum nächsten Jahr dauern, bis etwas frei wird."
Jetzt besucht sie schon den vierten Kindergarten. Frau Minelli spricht mit der Leiterin.

Frau Minelli:	Haben Sie einen Platz für meine Tochter? Mein Mann und ich sind beide berufstätig, und wir wissen nicht, wo wir unser Kind tagsüber lassen können.
Leiterin:	Eigentlich haben wir keinen Platz mehr, aber in einem Notfall können wir mal eine Ausnahme machen. Soll Ihre Tochter ganztags oder halbtags hierbleiben?
Frau Minelli:	Ganztags. Wir arbeiten beide bis 17.00 Uhr.
Leiterin:	Gut, dann füllen Sie bitte die Anmeldung hier aus.
Frau Minelli:	Eine Frage noch. Was kostet das monatlich?
Leiterin:	Das hängt von Ihrem Verdienst ab. Sie und Ihr Mann müssen Ihre Verdienstbescheinigung vorlegen. Wir rechnen dann den Betrag aus, den Sie zahlen müssen.
Frau Minelli:	Wann kann ich meine Tochter zu Ihnen bringen?
Leiterin:	Das kann ich noch nicht sagen. Ich gebe Ihnen Bescheid.

Ich möchte meinen Sohn in der Schule anmelden

Herr Bekler will seinen Sohn Mehmet in der Schule anmelden. Die Schule hat nur vormittags Sprechstunden. Deshalb hat Herr Bekler einen Tag unbezahlten Urlaub genommen. Er geht mit seiner Frau und mit seinem Sohn in die Grundschule, die in seinem Stadtviertel liegt. Dort fragt er den Hausmeister, wo das Sekretariat ist.

Herr Bekler:	Guten Tag. Ich möchte unseren Sohn anmelden.
Sekretärin:	Sie sind Ausländer, nicht wahr?
Herr Bekler:	Ja, ich bin Türke.
Sekretärin:	Haben Sie Ihren Reisepaß und die Anmeldung von Ihrem Kind mit?
Herr Bekler:	Hier bitte.
Sekretärin:	Wie alt ist Ihr Sohn?
Herr Bekler:	Siebeneinhalb.
Sekretärin:	Ist er in der Türkei schon in die Schule gegangen?
Herr Bekler:	Ja, ungefähr ein Jahr.
Sekretärin:	Und wie lange ist er jetzt in der BRD?
Herr Bekler:	Er ist vor einem Monat zusammen mit meiner Frau hierhergekommen.
Sekretärin:	Dann kann er sicher noch nicht Deutsch?
Herr Bekler:	Nein. Aber gibt es hier keine Vorbereitungsklassen, wo er schnell Deutsch lernen kann?
Sekretärin:	Nein, wir haben hier keine Vorbereitungsklasse. Die gibt es nur in der Lessingschule. Wir versuchen, die ausländischen Kinder sofort in die deutschen Klassen zu integrieren. Dort geben wir ihnen zusätzlich Deutschunterricht, damit sie die Sprache sehr schnell lernen.
Herr Bekler:	Das ist gut. Ich glaube auch, daß unser Sohn so am schnellsten Deutsch lernt.

EINHEIT XIII / Teil 3

Ich will Chemielaborantin werden

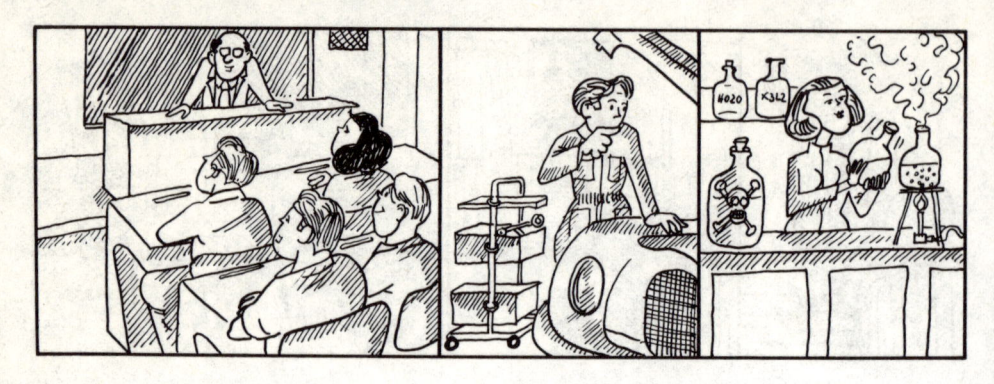

Die Klasse 9a in der Gutenbergschule hat drei Wochen keinen Unterricht gehabt. Alle Schüler sind drei Wochen lang in verschiedenen Betrieben gewesen und haben den Beruf, den sie gern ergreifen wollen, in der Praxis kennengelernt. Der Lehrer, Herr Wesemann, interessiert sich natürlich für die Berufswünsche von seinen Schülern.

Herr Wesemann:	Hat euch das Betriebspraktikum bei der Berufswahl geholfen?
Heinz:	Ja, es war sehr interessant. Ich war in einem Betrieb, in dem man elektrische Geräte herstellt. Ich habe eine ganze Menge gelernt, und ich bin jetzt sicher, daß mir der Elektromechanikerberuf gefällt.
Gerhard:	Ich wollte schon immer Kraftfahrzeugmechaniker werden. Deshalb war ich in einer Kfz.-Werkstatt. Mein Vater sagt immer, ich soll gleich arbeiten gehen. Aber ich möchte lieber erst einen richtigen Beruf lernen.
Herr Wesemann:	Ja, am besten schließt du dann einen Lehrvertrag mit dem Betrieb ab, in dem du lernen möchtest.
Gerhard:	Wie lange dauert denn so eine Lehre?
Herr Wesemann:	Eine Lehre im Handwerk oder in der Industrie dauert drei Jahre. Man bekommt dann einen Gesellen- bzw. Facharbeiterbrief. Alle Jugendlichen, die die Hauptschule besucht haben, müssen auch drei Jahre in die Berufsschule gehen.

Giovanni:	Gilt das auch für Ausländer?
Herr Wesemann:	Ja, das gilt auch für alle Ausländer, die noch nicht 21 Jahre alt sind. Aber leider wissen das nicht alle.
Giovanni:	Aber was machen dann Ausländer, die noch nicht Deutsch können?
Herr Wesemann:	Die ausländischen Jugendlichen, die noch nicht Deutsch sprechen, können in der Berufsschule einen Intensivkursus besuchen, in dem sie die Sprache lernen. Und du, Isabel, was willst du denn werden?
Isabel:	Ich weiß es noch nicht genau. Mein Bruder ist Chemiker geworden. Vielleicht werde ich Chemielaborantin. Meine Mutter sagt immer: „Warum willst du einen Beruf lernen? Du heiratest sowieso." Aber wenn ich gleich arbeiten gehe, verdiene ich sehr wenig, und ohne Ausbildung kann ich später auch nicht mehr verdienen.
Ilse:	Aber wenn du heiratest, brauchst du doch gar nicht zu arbeiten.
Isabel:	Vielleicht, aber dann bin ich zu abhängig von meinem Mann, wenn ich nichts gelernt habe. Nee, nee, ich ändere meine Meinung nicht.
Herr Wesemann:	Ich glaube, Isabel hat recht. Was meint Ihr?

Übungen

Ü 1

Ist das nicht der junge Mann, der bei deiner Tante wohnt?
                      Nein, den kenne ich überhaupt nicht.
Ist das nicht der Kollege, ... mit dir zusammen arbeitet?
                      Nein, ...
Ist das nicht der Kellner, ... uns neulich bedient hat?
                      Nein, ...

Ü 2

Ist das nicht das Auto, das dir so gut gefällt?
                      Nein, so eins habe ich noch nie gesehen.
Ist das nicht das Tonbandgerät, ... dir so gut gefällt?
                      Nein, ...
Ist das nicht das Motorrad, ... ?
                      Nein, ...

Ü 3

Ist das nicht die Dame, die bei Müllers wohnt?
                                    Nein, ich glaube nicht.
Ist das nicht die Kollegin, . . . mit Karin zusammen arbeitet?
                                    Nein, ...
Ist das nicht die Schauspielerin, ... gestern im Fernsehen war?
                                    Nein, ...

Ü 4

Wen willst du noch einladen?	Den Kollegen, den ich dir gestern vorgestellt habe.
. . . . ?	Den Freund, ...
. . . . ?	Den jungen Mann, ...
Wen willst du noch einladen?	Die Kollegin, die ich dir gestern vorgestellt habe.
. . . . ?	Die Freundin, ...
. . . . ?	Das junge Mädchen, ...

Ü 5

Sieh mal, da kommt der junge Mann, den wir gestern kennengelernt haben.
. . . . , ... die Dame, ...
. . . . , ... das Mädchen, ...
. . . . , ... der Herr, ...

Ü 6

Ich brauche einen Kredit.
An wen muß ich mich wenden, um einen Kredit zu bekommen?

Ich brauche ein Formular.
An wen muß ich mich wenden, ... ?

Ich brauche einen Platz im Kindergarten.
An wen . . . . , ... ?

Ich brauche eine Verdienstbescheinigung.
An wen . . . . , ... ?

Ü 7

Warum haben Sie Ihren Sohn in eine deutsche Klasse geschickt?
  Damit er sehr schnell Deutsch lernt.
Warum bringen Sie Ihre Tochter in einen Kindergarten?
  . . . . meine Frau und ich ganztags arbeiten können.
Warum arbeitet Ihre Frau jetzt ganztags?
  . . . . wir die hohe Miete bezahlen können.
Warum streiken die Arbeiter denn?
  . . . . die Arbeitgeber mehr Lohn zahlen.

Ü 8

Wie ist der Kollege, mit dem du zusammenarbeitest?
  Das ist ein prima Kerl.
. . . . . der Herr, bei . . . du jetzt wohnst?
  Der ist ganz in Ordnung.
. . . . . der junge Mann, mit . . . du gestern im Kino warst?
  Der ist sehr sympathisch.
Wie ist das Restaurant, in . . . Sie immer zu Mittag essen?
  Recht gut und nicht zu teuer.
. . . . . das Buch, mit . . . . Sie Englisch lernen?
  Ganz gut, aber ein bißchen schwer.
. . . . . das Mädchen, mit . . . du eben getanzt hast?
  Sie ist sehr nett. Man kann sich gut mit ihr unterhalten.
Wie ist die Unterkunft, in der ihr jetzt wohnt?
  Nicht besonders. Es gibt bessere.
. . . . . die Lehrerin, mit . . . ihr Englisch lernt?
  Sehr intelligent.
. . . . . die Familie, bei . . . Sie jetzt wohnen?
  Sehr freundlich.

Ü 9

Wieviel müssen wir für den Kindergarten bezahlen? Das hängt von Ihrem Verdienst ab.

Wieviel kann ich im Akkord verdienen? Das . . . . . von Ihrer Leistung . . .

Wollen Sie morgen einen Ausflug machen? Das . . . . . vom Wetter . . .
Könnt ihr heute abend zu uns kommen? Das . . . . . von meiner Frau . . .

Ü 10

Ist Heinz Elektrotechniker?   Nein, er hat seine Meinung geändert, er ist Kraftfahrzeugmechaniker geworden.

Ist Gerhard Kraftfahrzeugmechaniker?   Nein, ..., ...Chemielaborant........

Ist Isabel Chemielaborantin?   Nein, ..., ...Sekretärin...........

Ü 11

An wen können sich ausländische Eltern wenden, wenn sie für ihr Kind einen Platz im Kindergarten suchen? ....

Finden Sie es gut, daß Kinder in einen Kindergarten gehen? ....

Finden Sie es richtig, daß Mütter mit kleinen Kindern arbeiten gehen? ....

Meinen Sie, daß ausländische Kinder zusammen mit deutschen Kindern in den Kindergarten gehen sollen? ....

Sind ausländische Kinder in der BRD schulpflichtig? ....

Welche Papiere muß man zur Schule mitnehmen, wenn man ein Kind dort anmelden will? ....

In welcher Schule melden Sie Ihr Kind an? ....

Gibt es besondere Klassen für Kinder, die noch nicht Deutsch können? ....

Finden Sie es richtig, daß ausländische Kinder in eine deutsche Schule gehen müssen? ....

Welche Vorteile hat das?

Welche Nachteile hat das?

Bis zu welchem Alter sind
ausländische Jugendliche
berufsschulpflichtig?

Wieviel Jahre muß man in die
Berufsschule gehen?

Wie lange dauert eine Lehre im
Handwerk oder in der Industrie?

Glauben Sie, daß ein Betriebs-
praktikum bei der Berufswahl
helfen kann?

Mit wem muß ein Lehrling einen
Lehrvertrag abschließen?

Was können ausländische
Jugendliche machen, die noch nicht
Deutsch sprechen und in die
Berufsschule gehen müssen?

Warum sollen auch Mädchen einen
richtigen Beruf lernen?

Testübungen

T a

der, das oder die?

Ist das der Kollege, ... mit dir zusammen arbeitet?
Ist das die Frau, ... das Auto verkauft hat?
Ist das die Zange, ... du neulich gesucht hast?
Sind das die Karten, ... du brauchst?
Ist das das Mädchen, ... du gestern kennengelernt hast?

T b

den, das oder die?

Willst du das Mädchen einladen, ... ich dir gestern vorgestellt habe?
Willst du den Fernseher kaufen, ... wir gestern im Schaufenster gesehen haben?
Willst du die Bluse kaufen, ... ich so schön finde?
Brauchst du jetzt die Bücher, ... du mir letzte Woche gegeben hast?
Zeigst du mir mal den Fotoapparat, ... du von deinem Bruder bekommen hast?

T c

Ist das die Schule, in . . . . dein Kursus stattfindet?
Ist das die Bekannte, mit . . . . du in Paris warst?
Wie findest du das Buch, mit . . . . du Englisch lernst?
Kennst du den Kollegen, bei . . . . ich gestern eingeladen war?

T d

Wie heißt die Stadt, in . . . . du ziehen willst?
Kennst du die Firma, für . . . . ich gearbeitet habe?
Zeigen Sie mir bitte den Schrank, auf . . . ich die Ordner stellen soll.
Wie heißt das Geschäft, an . . . . Sie das Geld schicken müssen?

T e

um . . . . zu

(Er will sich erholen)
Er fährt nach Spanien, um . . . .
(Er will Schach spielen)
Er geht in den Club, um . . . .
(Er will Deutsch lernen)
Er ist in die BRD gekommen, um . . . .

T f

um . . . . zu oder damit?

Warum schicken Sie Ihren Sohn in die
deutsche Schule?
                                       (Ich will, daß er Deutsch lernt)
Ich schicke ihn in die Schule, ...

Warum fahren Sie nach Spanien?
                                       (Ich will mich erholen)
Ich fahre nach Spanien, ...

Warum gehen Sie in die VHS?
                                       (Ich will Deutsch lernen)
Ich gehe in die VHS, ...

Warum gehen Sie zu einer Beratungsstelle?
                                       (Ich will, daß mein Kind einen
                                       Platz im Kindergarten bekommt)
Ich gehe zu einer Beratungsstelle, ...

EINHEIT XIV / Teil 1

Haben Sie Ihren Krankenschein mit?

Sprechstundenhilfe:	Wie ist Ihr Name, bitte?
Alonso:	Alonso.
Sprechstundenhilfe:	Wurden Sie schon einmal bei uns behandelt?
Alonso:	Nein.
Sprechstundenhilfe:	Haben Sie Ihren Krankenschein mit?
Alonso:	Ja, hier.
Sprechstundenhilfe:	Gehen Sie jetzt bitte ins Wartezimmer und tragen Sie sich in die Warteliste ein. Der Nächste bitte!
Dr. Lange:	Nun, was fehlt Ihnen denn?
Alonso:	Ich glaube, ich habe Grippe. Seit drei Tagen habe ich Kopfschmerzen und Schnupfen, und der Rücken tut mir auch weh.
Dr. Lange:	Wurden Sie schon einmal gegen Grippe geimpft?
Alonso:	Nein. Das wurde mir von einem Kollegen geraten, aber damals habe ich gedacht: Du wirst sowieso nicht krank.
Dr. Lange:	Machen Sie bitte mal den Oberkörper frei. Wir müssen sehen, ob Sie auch eine Bronchitis haben. Husten Sie bitte! So, bitte tief einatmen. Na, Sie hat's aber ganz schön erwischt. Hier ist ein Rezept. Holen Sie die Medikamente in der Apotheke und legen Sie sich dann sofort ins Bett. Ich schreibe Sie für eine Woche krank. Die Bescheinigung hier schicken Sie Ihrer Firma. Wenn Sie dann noch nicht gesund sind, muß ich Ihnen nochmal eine schreiben.

Ich bin im Urlaub krank geworden

Im Urlaub ist Herr Soto krank geworden. Er ärgert sich, daß er jetzt im Krankenhaus und nicht am Strand liegt. Er schreibt gerade einen Brief an seine Firma.

Antonio Soto
6 Frankfurt/Main
Roßbachstr. 12
z. Zt. Hospital Sta. Teresa
Málaga

An die 18. 7. 1973
Firma Müller & Co.
6 Frankfurt/Main
Offenbacher Landstr. 231
Personalabteilung z. Hd. v. Herrn Jung

Sehr geehrter Herr Jung,
hiermit möchte ich Ihnen mitteilen, daß ich am 15. 7. meinen Urlaub wegen Krankheit unterbrechen mußte. Der Arzt, von dem ich untersucht wurde, hat eine Blinddarmentzündung festgestellt. Ich wurde sofort in ein Krankenhaus gebracht und operiert. Voraussichtlich kann ich am 29. 7. noch nicht mit der Arbeit anfangen.
Ich möchte mich nach meiner Entlassung aus dem Krankenhaus richtig erholen. Deshalb möchte ich Sie fragen, ob ich meinen Resturlaub gleich danach bekommen kann.
Bitte schreiben Sie mir doch, ob das möglich ist.

Mit freundlichen Grüßen

Antonio Soto

EINHEIT XIV / Teil 3

Wie konnte der Unfall passieren?

Manuel:	Tag, Jürgen. Wo ist denn Sener?
Jürgen:	Was? Das weißt du nicht? Sener wurde gestern von einem Gabelstapler angefahren.
Manuel:	Wurde er verletzt?
Jürgen:	Ja, das Bein ist gebrochen. Der Werksarzt meint, daß es eine ziemlich komplizierte Sache ist. Sener wurde sofort ins Krankenhaus gebracht.
Manuel:	Er hat sicher große Schmerzen gehabt. Und wie konnte der Unfall passieren?
Jürgen:	Der Fahrer vom Gabelstapler hat zuviel geladen, und deshalb hat er nichts gesehen.
Manuel:	Da siehst du, was passiert, wenn die Unfallverhütungsvorschriften nicht beachtet werden.
Jürgen:	Oft kennen wir die Gefahren bei der Arbeit gar nicht. Besonders unsere ausländischen Kollegen müssen besser darüber informiert werden.
Manuel:	Da hast du recht. Bekommt Sener jetzt seinen vollen Lohn weiter?
Jürgen:	Ja. Sechs Wochen lang wird der Lohn vom Betrieb gezahlt, und dann bekommt er Verletztengeld von der Krankenkasse.
Manuel:	Naja, dann verliert er wenigstens kein Geld. Hoffentlich wird er schnell wieder gesund.

Ü 1

Wird Herr Alonso von Dr. Müller behandelt?	Nein, von Dr. Lange.
.... Fräulein Keke von der Assistentin geimpft?	Nein, vom Arzt.
.... Sener von Dr. Lange operiert?	Nein, von Professor Wagner.
.... Herr Soto von Dr. Müller untersucht?	Nein, von Dr. Hidalgo.

Ü 2

Wurde Herr Alonso von Dr. Müller behandelt?	Nein, von Dr. Lange.
..... Fräulein Keke von der Assistentin geimpft?	Nein, vom Arzt.
..... Sener von Dr. Lange operiert?	Nein, von Professor Wagner.
..... Herr Soto von Dr. Müller untersucht?	Nein, von Dr. Hidalgo.

Ü 3

Behandelt Sie Dr. Müller?	Nein, ich werde von Dr. Lange behandelt.
Impft Sie die Assistentin?	Nein, ... vom Arzt ....
Operiert Sie Dr. Lange?	Nein, ... von Professor Wagner .
Untersucht Sie Dr. Müller?	Nein, ... von Dr. Hidalgo .....

Ü 4

Hat Sie Dr. Müller behandelt?	Nein, ich wurde von Dr. Lange behandelt.
Hat Sie die Assistentin geimpft?	Nein, ... vom Arzt ....
Hat Sie Dr. Lange operiert?	Nein, ... von Professor Wagner .
Hat Sie Dr. Müller untersucht?	Nein, ... von Dr. Hidalgo .....

Ü 5

Konnte die Betriebskrankenschwester Sener helfen?
                Nein, er mußte sofort ins Krankenhaus gebracht werden.
Weiß der Meister schon von dem Unfall?
                Nein, er muß schnell (informiert) .....
Bekommt Sener den Lohn von der Krankenkasse?
                Nein, der muß vom Betrieb (gezahlt) ...
Kann Sener schon bald wieder nach Hause gehen?
                Nein, er muß erst richtig (behandelt) ...

Ü 6

Wurden Sie hier schon einmal von einem Arzt behandelt? ....

Was müssen Sie mit der Krankenbescheinigung machen, die Sie vom Arzt bekommen? ....

In welcher Krankenkasse sind Sie versichert? ....

Sind Sie schon einmal im Ausland krank geworden? ....

Was haben Sie damals Ihrer Firma geschrieben? ....

Haben Sie schon einmal einen Arbeitsunfall gesehen? ....

Wie ist der Unfall passiert? ....

Haben Sie schon einmal etwas von Unfallverhütungsvorschriften gehört? ....

Meinen Sie, daß alle ausländischen Arbeiter darüber genügend informiert sind? ....

Wie können die ausländischen Arbeiter besser informiert werden? Haben Sie einen Vorschlag? ....

Sind Sie schon einmal längere Zeit krank gewesen? ....

Haben Sie da Ihr Geld von der Firma oder von der Krankenkasse bekommen? ....

T a

Behandelt Sie Dr. Müller? Nein, ich . . . . . von Dr. Lange . . . . . .
Impft Sie die Assistentin? Nein, ich . . . . . vom Arzt . . . .
Hat Sie Dr. Lange operiert? Nein, ich . . . . . von Professor Wagner .
Hat Sie Dr. Müller untersucht? Nein, ich . . . . . von Dr. Hidalgo . . . . .

T b

Konnte Ihnen der Kraftfahrzeugmechaniker helfen?
    Nein, mein Wagen mußte (abschleppen)
    . . . .
Konnten Sie den Wagen selbst reparieren?
    Nein, der Wagen mußte in eine Werkstatt
    (bringen) . . . .
Können wir die Miete eine Woche später zahlen?
    Nein, die Miete muß sofort (zahlen) . . .
    . . . .
Können wir Herrn Soto morgen operieren?
    Nein, er muß sofort (operieren) . . . . . .
    . . . .

EINHEIT XV / Teil 1

Es handelt sich um mein Kindergeld

Herr Panagiotou:	Mein Name ist Elias Panagiotou. Ich bin seit drei Monaten Gewerkschaftsmitglied.
Gewerkschaftssekretär:	Was kann ich für dich tun, Kollege?
Herr Panagiotou:	Es handelt sich um mein Kindergeld. Der Dolmetscher in meiner Firma hat vor fünf Monaten für mich einen Antrag auf Kindergeld gestellt. Trotzdem habe ich bisher noch kein Geld bekommen.
Gewerkschaftssekretär:	Bist du sicher, daß der Dolmetscher den Antrag gestellt hat?
Herr Panagiotou:	Ja. Er hat ein Formular ausgefüllt, und ich habe es unterschrieben.
Gewerkschaftssekretär:	Einen Moment. Ich rufe das Arbeitsamt an. Guten Tag, hier Schwarz, IG Metall. Können Sie mich mit der Abteilung Kindergeld verbinden? Guten Tag, Herr Ring. Können Sie mir sagen, ob ein Antrag auf Kindergeld von Herrn Elias Panagiotou bei Ihnen vorliegt? Wie bitte? Ja, ich buchstabiere: Paula, Anton, Nordpol, Anton, Gustav, Ida, Otto, Theodor, Otto, Ulrich. Vielen Dank.

	Ja, Kollege, der Fall ist jetzt klar. Es fehlen noch einige Unterlagen, die notwendig sind: Ein Lebensnachweis für jedes Kind, d. h. eine Bescheinigung, daß deine Kinder noch leben, und ein Einkommensnachweis von dir. Und wir dürfen keine Zeit mehr verlieren, damit du dein Kindergeld von Anfang an bekommst.
Herr Panagiotou:	Gut. Ich besorge das so schnell wie möglich. Aber warum hat das Arbeitsamt dem Dolmetscher nicht mitgeteilt, daß die Unterlagen noch nicht vollständig sind?
Gewerkschaftssekretär:	Das hat das Arbeitsamt getan. Trotzdem hat der Dolmetscher nicht reagiert.
Herr Panagiotou:	Das kann ich aber nicht verstehen. Dafür verlange ich morgen eine Erklärung. Vielen Dank, Kollege.
Gewerkschaftssekretär:	Auf Wiedersehen.

Buchstabiertafel für Inland: A = Anton, Ä = Ärger, B = Berta, C = Cäsar, Ch = Charlotte, D = Dora, E = Emil, F = Friedrich, G = Gustav, H = Heinrich, I = Ida, J = Julius, K = Kaufmann, L = Ludwig, M = Martha, N = Nordpol, O = Otto, Ö = Ökonom, P = Paula, Q = Quelle, R = Richard, S = Samuel, Sch = Schule, T = Theodor, U = Ulrich, Ü = Übermut, V = Viktor, W = Wilhelm, X = Xanthippe, Y = Ypsilon, Z = Zacharias.

EINHEIT XV / Teil 2

Ich suche eine Lehrstelle

Herr Fischer und Herr Kaya treffen sich im Arbeitsamt.

Herr Fischer: Na, Mehmet, was machst du hier?
Herr Kaya: Hat dir mein Vater nichts erzählt?
Herr Fischer: Was denn?
Herr Kaya: Ich gehe in die Berufsschule. Jetzt suche ich eine Firma, in der ich die Lehre machen kann.
Herr Fischer: Möchtest du nicht bei uns in der Firma anfangen?
Herr Kaya: Doch, aber ich habe keine Lehrstelle bekommen, obwohl mein Vater dort arbeitet. Aber jetzt bin ich an der Reihe, können wir uns nicht nachher treffen?
Herr Fischer: Ja, ich warte auf dich.

Beamter: Was kann ich für Sie tun?
Herr Kaya: Ich suche eine Lehrstelle.
Beamter: Was für einen Beruf möchten Sie ergreifen?
Herr Kaya: Elektriker.
Beamter: Oh, in dem Beruf haben Sie gute Aussichten! Sie können es bei der Firma Lenz versuchen. Ich rufe die Firma mal an und frage. Wenn es klappt, gehen Sie mit Ihren Eltern dorthin und unterschreiben den Lehrvertrag.
Ja, Herr Kaya, die Firma hat eine Stelle für Sie.
Herr Kaya: Kann ich den Vertrag ohne weiteres unterschreiben?
Beamter: In dem Fall ja! Die Firma ist in Ordnung. Leider ist das nicht immer so.
Herr Kaya: Vielen Dank.

Herr Fischer: Wie war's?
Herr Kaya: Es hat geklappt. Ich habe eine Lehrstelle. Aber was machst du hier?
Herr Fischer: Ich habe in der Volkshochschule einen Elektrotechnik-Kursus besucht und möchte vom Arbeitsamt die Kursusgebühren zurückbekommen.
Herr Kaya: Aber du arbeitest doch schon als Elektrotechniker.
Herr Fischer: Ich habe einen Fortbildungskursus gemacht. Wenn man im Beruf vorwärts kommen will, darf man nicht aufhören, sich weiterzubilden.
Herr Kaya: Ja, das ist wahr.

Ich möchte meine Aufenthaltserlaubnis verlängern lassen

Herr Basilidis:	Wir möchten die Aufenthaltserlaubnis von meiner Frau verlängern lassen. Sie läuft jetzt ab.
Beamter:	Hat Ihre Frau ihre Arbeitserlaubnis und ihre Anmeldung mit?
Herr Basilidis:	Die Anmeldung haben wir mit, aber die Arbeitserlaubnis nicht. Als wir vor einem Jahr hier waren, haben Sie gesagt, daß meine Frau noch nicht arbeiten darf.
Beamter:	So?
Herr Basilidis:	Wissen Sie, ich habe meine Frau direkt aus Griechenland hierhergeholt. Sie ist ohne Arbeitsvertrag hierhergekommen.
Beamter:	Und möchte Ihre Frau jetzt arbeiten?
Herr Basilidis:	Ja.
Beamter:	Ich sehe in Ihren Akten, daß Sie ein Kind haben. Wer paßt dann auf das Kind auf?
Herr Basilidis:	Unser Junge geht schon in einen Kindergarten.
Beamter:	Hat Ihre Frau schon eine Arbeitsstelle?
Herr Basilidis:	Noch nicht.
Beamter:	Dann muß sie sich eine Stelle suchen. Sie bringen mir dann eine Bescheinigung, in der steht, daß die Firma sie einstellt.
Herr Basilidis:	Bekommt sie dann die Aufenthaltserlaubnis?
Beamter:	Ja, aber nur für einen Monat. Erst wenn sie eine Arbeitserlaubnis vom Arbeitsamt hat, stellen wir ihr eine Aufenthaltserlaubnis für 2 Jahre aus.
Herr Basilidis:	Vielen Dank für die Auskunft. Auf Wiedersehen.
Beamter:	Auf Wiedersehen.

Übungen

Ü 1

Herr Alonso ist kein Deutscher.   Er spricht aber sehr gut Deutsch.
Herr Alonso ist kein Deutscher.   Trotzdem spricht er sehr gut Deutsch.
Obwohl Herr Alonso kein Deutscher ist, spricht er sehr gut Deutsch.

Herr Alonso arbeitet seit 5 Jahren im Betrieb. Der Chef hat ihm gekündigt.
Herr Alonso . . . . Trotzdem . . . .
Obwohl Herr Alonso . . . . ,

Herr Alonso sucht seit 2 Monaten eine neue Arbeit. Er hat aber keine gefunden.
Herr Alonso . . . . Trotzdem . . . .
Obwohl Herr Alonso . . . . ,

Herr Alonso arbeitet jetzt im Akkord. Er verdient aber nur DM 6,–.
Herr Alonso . . . . Trotzdem . . . .
Obwohl Herr Alonso . . . . ,

Herr Alonso hat einen Antrag auf Kindergeld gestellt. Er hat aber kein Kindergeld bekommen.
Herr Alonso . . . . Trotzdem . . . .
Obwohl Herr Alonso . . . . ,

Herr Alonso hat Pech gehabt. Er hat aber seine gute Laune nicht verloren.
Herr Alonso . . . . Trotzdem . . . .
Obwohl Herr Alonso . . . . ,

Ü 2

Was kann ich für dich tun, Kollege?   Es handelt sich um mein Kindergeld.
                                   Du wolltest den Antrag ausfüllen.
Das habe ich schon getan. Hier bitte.

Was . . . . , ... ?   Es . . . . meine Arbeitserlaubnis.
                                   Du wolltest mir ein Formular besorgen.

Das . . . .

Was . . . . , ... ?   Es . . . . meine Lohnabrechnung.
                                   Du wolltest sie prüfen.

Das . . . .

Was . . . . , ... ?	Es . . . . den Lebensnachweis von meinem Sohn.
	Du wolltest ihn übersetzen.
Das	

Ü 3

Auf wen wartest du denn?	Auf meine Freundin.
	Sie muß gleich kommen.
. . . . ?	. . meine Mutter.
	Sie . . . .
. . . . ?	. . meinen Vater.
	Er . . . .

Ü 4

Was kann ich für Sie tun?	Ich möchte meinen Paß verlängern lassen.
	Er läuft jetzt ab.
. . . . ?	. . . . . . meine Aufenthaltserlaubnis . .
	Sie . . . .
. . . . ?	. . . . . . meine Arbeitserlaubnis . . . . .
	Sie . . . .

Ü 5

Wann wollen Sie ein Auto kaufen?	Wenn ich meinen Führerschein habe.
. . . . essen gehen?	. . . . mit der Arbeit fertig bin.
. . . . mit der Lehre anfangen?	. . . . mit der Schule fertig bin.
. . . . Spanisch lernen?	. . . . mal in Spanien bin.

Ü 6

Wann haben Sie Ihr Auto gekauft?	Als ich meinen Führerschein hatte.
Wann sind Sie essen gegangen?	. . . . . mit der Arbeit fertig . . . .
Wann haben Sie mit der Lehre angefangen?	. . . . . mit der Schule fertig . . . .
Wann haben Sie Spanisch gelernt?	. . . . . letztes Jahr in Spanien . . .

Ü 7

Lohnarbeiter bekommen DM 7,– pro Stunde.   Wo steht das?
Hier im Tarifvertrag.

Nächsten Monat finden die Betriebsratswahlen statt.   . . . . ?
Hier in der Gewerkschaftszeitung.

Nächste Woche macht die Firma Inventur.   . . . . ?
Am schwarzen Brett.

Ü 8

Haben Sie eine Aufenthaltserlaubnis?   . . . .

Wann läuft Ihre Aufenthaltserlaubnis ab?   . . . .

Haben Sie schon mal Ihre Aufenthalts-
erlaubnis verlängern lassen?   . . . .

Für wieviel Jahre haben Sie Ihre
Aufenthaltserlaubnis bekommen?   . . . .

Haben Sie eine Arbeitserlaubnis?   . . . .

Sind Sie mit einem Arbeitsvertrag in die
BRD gekommen?   . . . .

TEST III (Einheiten XI bis XV)

1.

a Ich habe mir eine rot . . Bluse gekauft.
b Du brauchst einen warm . . Wintermantel.
c Ich finde den weiß . . Schrank sehr schön.
d Wie gefällt Ihnen mein neu . . Auto?
e Heute haben wir sehr gut . . spanische . . Apfelsinen.
f Wie gefallen dir die schwarz . . Schuhe?
g Ich bin heute mit einem schön . . Mädchen verabredet.
h Ich habe heute mit deiner klein . . Schwester getanzt.
i Wir gehen heute abend in einen gut . . Film.
j Ich habe eine größer . . Wohnung gefunden.
k Bist du mit deiner neu . . Wohnung zufrieden?

2. welcher, welches oder welche?

a . . . . Bluse willst du dir kaufen?
b . . . . Wintermantel gefällt dir am besten?
c . . . . Auto findest du am schönsten?
d . . . . Schuhe möchten Sie nehmen?

3. daß oder ob?

a Ich weiß nicht, . . . er heute kommt.
b Haben Sie gewußt, . . . in der BRD 60 Millionen Menschen leben?
c Fragen Sie ihn bitte, . . . er morgen zum Unterricht kommt.
d Sagen Sie ihr bitte, . . . ich heute keine Zeit habe.
e Wir haben ausgerechnet, . . . wir monatlich DM 50,– zurückzahlen können.
f Ich konnte nicht wissen, . . . du krank warst.

4. stellen, stehen, legen, liegen, stecken oder hängen?

a Der Karren . . . . hier neben dem Aufzug.
b . . . . Sie bitte die Gläser in den Schrank!
c Wo . . . . die Illustrierte?
d Ich habe den ganzen Tag im Bett . . . .
e Wohin wollen wir den Schrank . . . . ?
f Meine Zigaretten . . . . . . in der linken Jackentasche.
g Wohin wollen wir das Bild . . . . ? Über das Bett.
h . . . . Sie die Papiere bitte auf den Tisch.

5.
a Stellen Sie bitte die Koffer vor . . . Aufzug!
b Soll ich die Karteikarten in . . . Schublade legen?
c Stehen die Gläser in . . . Küche?
d Liegt die Zeitung von heute auf . . . Tisch?
e Meine Autoschlüssel stecken in mein . . Tasche.
f Das Bild hängt über . . . Couch.
g Bitte, schreiben Sie das Wort an . . . Tafel!
h Die Bretter stehen hinter . . . Schrank.
i Ivo sitzt neben sein . . Freund.
j Der Brief, den du suchst, liegt da unter . . . Wörterbuch.
k Legen Sie bitte die Koffer unter . . . Bett!
l Sie bekommen das Geld an . . . Kasse.
m Bringen Sie das Päckchen an . . . Schalter 6!

6.
a Willst du den Fernseher kaufen, . . . wir gestern im Schaufenster gesehen haben?
b Kennst du das Mädchen, mit . . . ich gestern zusammen war?
c Brauchst du noch das Wörterbuch, . . . ich dir gestern gegeben habe?
f Wie heißt die junge Dame, . . . du mir vorgestellt hast?
g Ist das die Fabrik, in . . . du gearbeitet hast?
h Das ist das Hotel, in . . . ich heute übernachte.

7.
a	telefonieren	Ich habe eben mit Herrn Schmidt . . . .
b	denken	Wir haben viel an euch . . . .
c	stellen	Wohin haben Sie den Karren . . . . ?
d	legen	Hast du den Wein in den Kühlschrank . . . . ?
e	aufstehen	Um wieviel Uhr bist du heute . . . . ?
f	liegen	Er hat heute den ganzen Tag im Bett . . . .
g	sich hinsetzen	Er hat sich da vorn . . . .
h	sitzen	Wie lange haben Sie im Wartezimmer . . . . ?
i	bitten	Er hat mich . . . . , ihm zu helfen.
j	anbieten	Er hat mir . . . . , mit ihm zu fahren.
k	unterschreiben	Haben Sie den Vertrag schon . . . . ?
l	geben	Wann haben Sie ihm die Papiere . . . . ?
m	wehtun	Hat es . . . . ?
n	verlieren	Ich habe mein Portemonnaie . . . .
o	werden	Er ist Arzt . . . .
p	wissen	Ich habe es nicht . . . .

8. um zu oder damit?

(Ich will mir Schuhe kaufen)
a Ich gehe in die Stadt, ...

(Ich will Deutsch lernen)
b Ich bin nach Deutschland gekommen, ...

(Mein Sohn soll Unterricht bekommen)
c Ich suche einen Lehrer, ...

(Ich will mich erholen)
d Ich mache jetzt Urlaub, ...

(Ich will nicht, daß sie alles allein macht)
e Ich helfe meiner Frau, ...

9.

a Holen Sie Herrn Becker ab?   Nein, er . . . . . von meiner Frau
. . . .

b Haben Sie das Auto bezahlt?   Nein, es . . . . . von meiner Firma
. . . .

c Haben Sie die Zeitung hier
mitgebracht?   Nein, sie . . . von Herrn Müller
. . . .

d Haben Sie das Formular selbst
ausgefüllt?   Nein, es . . . . vom Dolmetscher
. . . .

e Sollten Sie nicht das Auto
reparieren?   Nein, es mußte vom Meister . . . .
. . . .

f Darf ich rauchen?   Nein, hier darf nicht . . . .
. . . .

10. trotzdem oder obwohl?

a Herr Soto hat viel gearbeitet. . . . . hat er sehr wenig verdient.
b Herr Schmidt war noch nie in Spanien. . . . . . . spricht er gut Spanisch.
c . . . . . . Herr Janos ein Auto gekauft hat, fliegt er nach Jugoslawien.
d Ich habe kein Geld. . . . . fahre ich in Urlaub.
e . . . . . . ich gut gegessen habe, habe ich noch Hunger.

11.

a Es hat geregnet. Trotzdem haben wir den Ausflug gemacht.
   Obwohl ....

b Frau Minelli war den ganzen Vormittag unterwegs. Trotzdem hat sie keinen Platz im Kindergarten gefunden.
   Obwohl ....

c Er arbeitet acht Stunden am Tag. Trotzdem hat er Zeit, Deutsch zu lernen.
   Obwohl ....

12. wenn oder als?

a .... ich in Italien war, bin ich viel geschwommen.
b .... ich mit der Arbeit fertig bin, gehe ich ins Kino.
c .... ich letztes Jahr krank war, habe ich viel Deutsch gelernt.
d .... das Wetter besser wird, können wir nach Heidelberg fahren.
e .... ich genug Deutsch kann, besuche ich Fortbildungskurse.

Zum vorliegenden Grundbuch DEUTSCH — IHRE NEUE SPRACHE sind außerdem im gleichen Verlag erschienen:

GLOSSARE mit Vokabeln und Redewendungen für folgende Sprachen:

- Deutsch-Arabisch — DM 6,80 — Best.-Nr. 0335 
- Deutsch-Spanisch (Alemán-español) — DM 6,80 — Best.-Nr. 0330 
- Deutsch-Englisch (German-English) — DM 6,80 — Best.-Nr. 0336 
- Deutsch-Italienisch (Tedesco-italiano) — DM 6,80 — Best.-Nr. 0329 
- Deutsch-Französisch (Allemand-Francais) — DM 6,80 — Best.-Nr. 0337 
- Deutsch-Portugiesisch (Alemão-Portugués) — DM 6,80 — Best.-Nr. 0334

Deutsch - Ihre neue Sprache

Njemačko-Srpskohrvatski

Glossar
Deutsch-Serbo-kroatisch

H.J. Demetz / J.M. Puente

DM 6,80
Best.-Nr. 0331

Deutsch - Ihre neue Sprache

ALMANCA-TÜRKÇE

Glossar
Deutsch-Türkisch

H.J. Demetz / J.M. Puente

DM 6,80
Best.-Nr. 0332

Als audio-visuelle Hilfsmittel für dieses Programm bieten wir an:

Tonband 13 cm, 9,5 m/sec.
Best.-Nr. 0338 DM 89,—
bzw.

2 Compact-Cassetten
Best.-Nr. 0339 DM 36,—
mit den Texten
aller Lehreinheiten

135 Diapositive
(Zeichnungen der Lehrtexte)
Best.-Nr. 0340 DM 180,—

Deutsch – Ihre neue Sprache

Lehrerheft

H.J. Demetz / J.M. Puente

Das Lehrerheft ist vor allem für den Deutschunterricht in Gruppenkursen geeignet.

Es gibt Auskunft über den Aufbau und die Zielsetzung des gesamten Lehrwerkes, beschreibt die didaktische Konzeption für einen erfolgreichen Gruppenunterricht mit ausländischen Arbeitnehmern, streift kommunikative Probleme ausländischer Arbeiter in der BRD, z. B. die der Analphabeten und enthält Diktatvorschläge.

Best.-Nr. 0328, Preis DM 3,80

Unser Tip:

Moderne Korrespondenz
(4014) Von H. Kirst und W. Manekeller, 570 S., gbd., DM 39,–

Erfolgreiche Kaufmanns-Praxis
(4046) Von W. Göhler, H. Gölz, M. Heibel, D. Machenheimer, 544 S., gbd., DM 34,–

Der Rechtsberater im Haus
(4048) Von Karl-Heinz Hofmeister, 528 S., gbd., mit farbigem Schutzumschlag, DM 39,–

Die erfolgreiche Bewerbung
(0173) Von W. Manekeller, 152 S., kart., DM 8,80

Lebenslauf und Bewerbung
Beispiele für Inhalt, Form und Aufbau
(0428) Von Hans Friedrich, 112 S., kart., DM 5,80

Der neue Briefsteller
(0060) Von I. Wolter-Rosendorf, 112 S., kart., DM 5,80

Falken-Verlag · Postfach 1120 · 6272 Niedernhausen/Ts.

Unser Tip:

Die schnellsten Motorräder der Welt
(4206) Von H. G. Isenberg und D. Maxeiner, 96 S., 100 Farbabb., Pbd., DM 19,80

Die schnellsten Autos der Welt
(4201) Von Dirk Maxeiner und Hans G. Isenberg, 96 S., 110 Abb., überwiegend vierfarbig, Pbd., DM 19,80

Dampflokomotiven
(4202) Von Werner Jopp, 96 S., 134 Farbabb., Pbd., DM 19,80

Die tollsten Motorflugzeuge aller Zeiten
(4208) Von Richard J. Höhn und Hans G. Isenberg, 96 S., 86 großformatige Farbfotos, Pbd., DM 19,80

Die schnellsten Motorboote der Welt
(4210) Von Hans G. Isenberg, 96 S., 104 großformatige Farbfotos, Pbd., DM 19,80

Segeln
(4207) Von Claus Hehner, 96 S., 106 großformatige Farbfotos, Pbd., DM 19,80

Falken-Verlag · Postfach 1120 · 6272 Niedernhausen/Ts.

Verlags-Verzeichnis

Hobby

Moderne Fotopraxis. Bildgestaltung – Aufnahmepraxis – Kameratechnik – Fotolexikon. (4030) Von Wolfgang Freihen, 304 Seiten, davon 50 vierfarbig, gebunden, mit Schutzumschlag, **DM 29,80**
Moderne Schmalfilmpraxis. Ausrüstungen · Drehbuch · Aufnahme · Schnitt · Vertonung (4043) Von Uwe Ney, 328 Seiten mit über 200 Abbildungen, teils vierfarbig, Balacron mit vierfarbigem Schutzumschlag, **DM 29,80**
Schmalfilmen. Ausrüstung – Aufnahmepraxis – Schnitt und Ton. (0342) Von Uwe Ney, 100 Seiten, 4 Farbtafeln und 25 Abbildungen, kartoniert, **DM 6,80**
Briefmarken sammeln für Anfänger (0481) Von Dieter Stein, 128 S., mit zahlreichen Abbildungen, kartoniert, **DM 7,80**
Münzen. Ein Brevier für Sammler. (0353) Von Erhard Dehnke, 128 Seiten, 30 Abbildungen – teils farbig, kartoniert, **DM 9,80**
Münzen sammeln nach Motiven. (0480) Von Armin Haug, 176 S., mit 93 Abbildungen, kartoniert, **DM 14,80**
Papiergeld. Ein Brevier für Sammler. (0501) Von Albert Pick, 116 Seiten, 51 Fotos, kartoniert, **DM 9,80**
Ikebana. Band 1: Moribana-Schalenarrangements. (0300) Von Gabriele Vocke, 164 Seiten, 40 großformatige Vierfarbtafeln, 66 Schwarzweißfotos und Graphiken, gebunden, **DM 19,80**
Ikebana. Band 2: Nageire-Vasenarrangements. (0348) Von Gabriele Vocke, 160 Seiten, 32 Farbtafeln, 73 Abbildungen, gebunden, **DM 19,80**
Arbeitsheft zum Lehrbuch Ikebana. (0319) Von Gabriele Vocke, 79 Seiten, 16 Graphiken, kartoniert, **DM 6,80**
Blumengestecke im Ikebanastil. (5041) Von Gabriele Vocke, 64 Seiten mit 37 vierfarbigen Abbildungen und vielen Zeichnungen, kartoniert, **DM 14,80**
Ikebana modern. (4031) Von Gabriele Vocke, 168 Seiten, davon 40 ganzseitige Vierfarbtafeln und mit vielen Zeichnungen, Ganzleinen mit vierfarbigem cellophaniertem Schutzumschlag, **DM 36,–**
Blumen arrangieren. Zauberhafte Gestecke im Ikebana-Stil. (4049) Von Gabriele Vocke, 160 Seiten mit 31 Farbtafeln und über 70 Zeichnungen, gebunden mit Schutzumschlag, **DM 36,–**
Bauernmalerei – leicht gemacht. (5039) Von Senta Ramos, 64 Seiten, 78 vierfarbige Abbildungen, Pappband, **DM 9,80**
Hobby-Bauernmalerei. (0436) Von Senta Ramos und Jo Roszak, 80 Seiten mit 116 Farbabbildungen und 28 Motivvorlagen, kartoniert, **DM 13,80**
Bauernmalerei als Kunst und Hobby. (4057) Von Arbo Gast und Hannie Stegmüller, 128 Seiten, 239 Farbfotos und 26 Riß-Zeichnungen, gebunden, mit vierfarbigem Schutzumschlag, **DM 29,80**
Arbeiten mit Ton. (5048) Von Johann Fricke, Fernsehbegleitbuch, 128 Seiten mit 166 Schwarzweißfotos und 15 Farbtafeln, kartoniert, **DM 14,80**
Töpfern als Kunst und Hobby (4073) Von Johann Fricke, 132 S., davon 37 vierfarb., 222 Schwarzweißfotos, gbd., mit Schutzumschlag, **DM 29,80**
Keramik kreativ gestalten. (5072) Von Ewald Stark, 64 Seiten, 117 Farbfotos und 2 Zeichnungen, Pappband, **DM 9,80**
Zinngießen leicht gemacht. (5076) Von Käthi Knauth, 64 Seiten, 85 Farbfotos, Pappband, **DM 9,80**
Modellieren mit selbsthärtendem Material. (5085) Von Klaus Reinhardt, 64 Seiten, 93 Farbfotos, Pappband, **DM 9,80**

Falken Verlag GmbH · Postfach 1120 · D-6272 Niederhausen/Ts. · Tel. 0 61 27/30 11-15 · Telex 04-186 585 fves d

Hobby Holzschnitzen. Von der Astholzfigur zur Vollplastik. (5101) Von Heinz-D. Wilden, 112 Seiten, farbige und schwarzweiße Abbildungen und Skizzen, ca. **DM 12,80***
Schmuck und Objekte aus Metall und Email (5078) Von Johann Fricke, 120 Seiten, 183 farbige und schwarzweiße Abbildungen, kartoniert, **DM 16,80**
Hinterglasmalerei – leicht gemacht. (5062) Von Horst Hennicke, 64 Seiten, 63 Abbildungen, 2 Zeichnungen, durchgehend vierfarbig, Pappband, **DM 9,80**
Transparente Glasmalerei – leicht gemacht. (5064) Von Felizitas Krettek, 64 Seiten mit 62 vierfarbigen Abbildungen, Pappband, **DM 9,80**
Ölmalerei leicht gemacht. (5073) Von Heiner Karsten, 64 Seiten, 62 Farbfotos, Pappband, **DM 9,80**
Naive Malerei leicht gemacht. (5083) Von Felizitas Krettek, 64 Seiten, 76 Farbfotos, Pappband, **DM 9,80**
Stoffmalerei und Stoffdruck leicht gemacht. (5074) Von Heide Gehring, 64 Seiten, 110 Farbfotos, Pappband, **DM 9,80**
Zugeschaut und mitgebaut Band 1. Helmut Scheuer im Hobby-Keller – ein ZDF-Fernsehbegleitbuch. (5031) Von Helmut Scheuer, 96 Seiten, 218 Farbabbildungen und Schwarzweißfotos, kartoniert, **DM 14,80**
Zugeschaut und mitgebaut Band 2. Helmut Scheuer im Hobby-Keller. (5061) Von und mit Helmut Scheuer, 120 Seiten mit 277 farbigen und schwarzweißen Abbildungen, kartoniert, **DM 14,80**
Zugeschaut und mitgebaut Band 3. (5077) Von Helmut Scheuer, 120 Seiten, 291 farbige und schwarzweiße Abbildungen, kartoniert, **DM 14,80**
Zugeschaut und mitgebaut Band 4. Helmut Scheuer im Hobbykeller. (5093) Von Helmut Scheuer, 120 S., mit 122 farbigen und 113 schwarzweißen Abbildungen, kartoniert, **DM 14,80**
Hobby-Basteln, Freizeit-Werken. (4050) Herausgegeben von Diethelm Reichart, 320 Seiten mit 400 Abbildungen, größtenteils vierfarbig, gebunden, mit Schutzumschlag. **DM 39,–**
Das große farbige Bastelbuch. (4018) Von Friederike Baresel-Anderle, 248 Seiten, über 300 vierfarbige Abbildungen, Pappband, **DM 14,80**
Papier-Basteleien. (0406) Von Lena Nessle, 96 Seiten, 84 Fotos und 70 Zeichnungen, teils zweifarbig, kartoniert, **DM 6,80**
Phantasieblumen aus Strumpfgewebe, Tauchlack, Papier, Federn (5091) Von Ruth Scholz-Peters, 64 S., mit 70 Farbfotos, Pbd., **DM 9,80**
Glückwunschkarten und Kalender selbst basteln. (0467) Von Gertraud Mayr, 95 Seiten, 288 Zeichnungen, kartoniert, **DM 6,80**
Trockenblumen und Gewürzsträuße. (5084) Von Gabriele Vocke, 64 Seiten, 63 Farbfotos, Pappband, **DM 9,80**
Origami – die Kunst des Papierfaltens. (0280) Von Robert Harbin, 160 Seiten, über 600 Zeichnungen, kartoniert, **DM 8,80**
Ferngelenkte Motorflugmodelle – bauen und fliegen. (0400) Von Werner Thies, 184 Seiten mit Zeichnungen und Detailplänen, kartoniert, **DM 12,80**
Flugmodelle bauen und einfliegen. (0361) Von Werner Thies und Willi Rolf, 160 Seiten, 63 Abbildungen und 7 Faltpläne, kartoniert, **DM 9,80**
Ferngelenkte Segelflugmodelle bauen und fliegen. (0446) Von Werner Thies, 176 Seiten, 22 Fotos und 115 Zeichnungen, kartoniert, **DM 14,80**
Schiffsmodelle selber bauen. (0500) Von Dietmar und Reinhard Lochner, 200 Seiten + 2 Faltpläne, 93 Zeichnungen, kartoniert, **DM 14,80**
CB-Code. Wörterbuch und Technik. (0435) Von Richard Kerler, 120 Seiten mit technischen Abbildungen, kartoniert, **DM 7,80**
Findet den ersten Stein! Mineralien, Steine und Fossilien. Grundkenntnisse für Hobby-Sammler. (0437) Von Dieter Stobbe, 96 Seiten, 16 Farbtafeln, 14 Fotos und 10 Zeichnungen, kartoniert, **DM 9,80**
Mineralien und Steine. Farben – Formen – Fundorte. (0409) Von Rudolf Graubner, 144 Seiten mit 90 Farbabbildungen, flexibel kartoniert, **DM 9,80**
Häkeln und Makramee. Techniken – Geräte – Arbeitsmuster. (0320) Von Dr. Marianne Stradal, 104 Seiten mit 191 Abbildungen und Schemata, kartoniert, **DM 6,80**
Makramee. Knüpfarbeiten leicht gemacht. (5075) Von Birte Pröttel, 64 Seiten, 95 Farbfotos, Pappband, **DM 9,80**
Flechten mit Bast, Stroh und Peddigrohr. (5098) Von Hanne Hangleiter, 64 Seiten, 129 Abbildungen, Pappband, **DM 9,80**
Stricken, häkeln, loopen. (0205) Von Dr. Marianne Stradal, 96 Seiten, 100 Abbildungen, kartoniert, **DM 5,80**
Strick mit! Ein Kurs für Anfänger. (5094) Von Birte Pröttel, 120 Seiten, 72 vierfarbige und 188 schwarzweiße Abbildungen, kartoniert, **DM 14,80**
Stoff- und Kuscheltiere stricken, häkeln, nähen (5090) Von Birte Pröttel, 64 S., mit 50 Farbfotos, Pbd., **DM 9,80**
Selbstschneidern – mein Hobby. (0185) Von H. Wohlert, 128 Seiten, 233 Abbildungen, kartoniert, **DM 6,80**
Die Selbermachers renovieren ihre Wohnung. (5013) Von Wilfried Köhnemann, 148 Seiten, 374 Farbabbildungen, Zeichnungen und Fotos, kartoniert, **DM 14,80**
Selbst tapezieren und streichen. (0289) Von Dieter Heitmann, 116 Seiten, 67 Abbildungen, kartoniert, **DM 6,80**
Möbel aufarbeiten, reparieren und pflegen. (0386) Von E. Schnaus-Lorey, 96 Seiten, 104 Fotos und Zeichnungen, kartoniert, **DM 6,80**
Heimwerker-Handbuch. (0243) Von Bernd Käsch, 204 Seiten, 229 Fotos und Zeichnungen, kartoniert, **DM 9,80**

* Neuerscheinung. Preise waren bei Druckbeginn noch nicht endgültig festgelegt.

Sport

Die Erben Lilienthals. Sportfliegen heute. (4054) Von Günter Brinkmann, 240 Seiten, 32 Farbtafeln, 176 Schwarzweißfotos, 33 Zeichnungen, mit vierfarbigem Schutzumschlag, gbd., **DM 36,–**
Tennis. Technik – Taktik – Regeln. (0375) Von Harald Elschenbroich, 112 Seiten, 81 Abbildungen, kartoniert, **DM 6,80**
DUNLOP-Führer Tennis-Hotels 1979/80 (0489) Von Dr. Werner Jopp, 244 S., kart., **DM 14,80**
Frust und Freud beim Tennis. Psychologische Studien der Spielertypen und Verhaltensweisen. (4079) Von S. H. Cath., A. Kahn, N. Cobb., 176 Seiten gebunden, mit Schutzumschlag, **DM 16,80**
Squash. Ausrüstung – Technik – Regeln. (0389) Von Knut Fricke, 84 Seiten, 90 Abbildungen und Zeichnungen, kartoniert, **DM 9,80**
Tischtennis – modern gespielt, mit TT-Quiz 17:21. (0363) Von Ossi Brucker und Tibor Harangozo, 120 Seiten, 65 Abbildungen, kartoniert, **DM 9,80**
Basketball. Übungen und Technik für Schule und Verein. (0279) Von Chris Kyriasoglou, 116 Seiten mit 252 Übungen zur Basketballtechnik, 186 Fotos und 164 Zeichnungen, kartoniert, **DM 12,80**

Volleyball. Technik – Taktik – Regeln. (0351) Von Henner Huhle, 102 Seiten, 330 Abbildungen, kartoniert, **DM 9,80**
Wasser-Volleyball. (0456) Von Laszlo Sarossi und Karl-Friedrich Schwarz, 80 Seiten, 54 Abbildungen, kartoniert, **DM 12,80**
Eishockey. Technik – Taktik – Regeln. (0414) Von Roman Neumayer, ca. 144 Seiten mit ca. 90 Fotos und Abbildungen, kartoniert, ca. **DM 9,80***
Hockey. Grundschule – Training – Taktik. (0398) Von Horst Wein, 152 Seiten mit vielen Zeichnungen und Fotos, kartoniert, **DM 12,80**
Golf. Ausrüstung – Technik – Regeln. (0343) Von J. Jessop, übersetzt von Heinz Biemer, mit einem Vorwort von H. Krings, Präsident des Deutschen Golf-Verbandes, 160 Seiten, 65 Abbildungen, Anhang der Golfregeln des DGV, kartoniert, **DM 14,80**
Pool-Billard. Hrsg. vom Deutschen Pool-Billard-Bund (0484) Von Manfred Bach, Karl-Werner Kühn, 88 S., mit über 80 Abbildungen, kartoniert, **DM 7,80**
Fibel für Kegelfreunde. (0191) Von G. Bocsai, 80 Seiten, mit über 60 Abbildungen, kartoniert, **DM 4,80**
Beliebte und neue Kegelspiele. (0271) Von Georg Bocsai, 92 Seiten, 62 Abbildungen, kartoniert, **DM 4,80**
Segeln. Ein Anfängerkurs mit vielen Bildern. (0316) Von H. und L. Blasy, 112 Seiten, 92 Fotos und Abbildungen, kartoniert, **DM 6,80**
Segeln. Boote, Manöver, Windsurfen. (5009) Von Horst Müller, 64 Seiten, 42 Farbabbildungen, Pappband, **DM 9,80**
Segeln. (4207) Von Claus Hehner, 96 Seiten, 106 großformatige Farbfotos, Pappband, **DM 19,80**
Windsurfen. Handbuch für Grundschein und Praxis. (5028) Von Calle Schmidt, 64 Seiten, über 50 Abbildungen, durchgehend vierfarbig, Pappband, **DM 9,80**
Angeln. Kleine Fibel für den Sportfischer. (0198) Von E. Bondick, 96 Seiten, mit über 116 Abbildungen, kartoniert, **DM 5,80**
Sportfischen. Fische – Geräte – Technik. (0324) Von Helmut Oppel, 144 Seiten, mit 49 Fotos, Abbildungen und 8 Farbtafeln, kartoniert, **DM 8,80**

Falken-Handbuch Tauchsport. (4062) Von Wolfgang Freihen, 272 Seiten, 252 Farbfotos und Abbildungen, gebunden, mit Schutzumschlag, **DM 29,80**
Tauchen. Grundlagen – Training – Praxis. (0267) Von W. Freihen, 144 Seiten, 71 Fotos und Farbtafeln, kartoniert, **DM 9,80**
Reiten. Vom ersten Schritt zum Reiterglück. (5033) Von Herta F. Kraupa-Tuskany, 64 Seiten mit vielen Farbbildern und Zeichnungen, kartoniert, **DM 9,80**
Reiten im Bild. Dressur – Springen – Gelände. (0415) Von Ute Richter, 168 Seiten, 235 Abbildungen, kartoniert, **DM 9,80**
Voltigieren. Pflicht – Kür – Wettkampf. (0455) Von Josephine Bach, 119 Seiten, 88 Schwarzweißfotos und 4 Farbtafeln, kartoniert, **DM 12,80**
Skischule. Ausrüstung – Technik – Gymnastik. (0369) Von Christine und Richard Kerler, 128 Seiten mit 100 Fotos, kartoniert, **DM 7,80**
Skilanglauf für jedermann. Lernen – Üben – Anwenden. Ein Fernsehbegleitbuch. (5036) Von Prof. Heiner Brinkmann, Sporthochschule Köln, 116 Seiten mit 133 Fotos, kartoniert, **DM 12,80**
Ski-Gymnastik. Fit für Piste und Loipe. (0450) Von Hannelore Pilss-Samek, 104 Seiten, 67 Fotos und 20 Zeichnungen, kartoniert, **DM 6,80**
Schwimm mit! Anfängerkurs für Kinder und Eltern. Ein ZDF-Fernsehbegleitbuch. (5040) Von W. Günter Lingenau und Bärbel Vitt, 64 Seiten, 120 Abbildungen, kartoniert, mit Ringheftung, **DM 9,80**
Babys lernen schwimmen. (0497) Von Jean Fouace, 96 Seiten, 46 Abbildungen, kartoniert, **DM 9,80**
Handball. Technik – Taktik – Regeln. (0426) Von Fritz und Peter Hattig, 144 Seiten, 91 Fotos und 121 Zeichnungen, kartoniert, **DM 9,80**
Fußball. Technik – Regeln – Taktik. (0448) Von Holger Obermann und Peter Walz, 166 Seiten, 93 Fotos, 56 Zeichnungen, kartoniert, **DM 9,80**
Fechten. Florett – Degen – Säbel. (0449) Von Emil Beck, 88 Seiten, 219 Fotos und Zeichnungen, kartoniert, **DM 9,80**
Spaß am Laufen. Jogging für die Gesundheit. (0470) Von Werner Sonntag, 120 Seiten, 36 Abbildungen, kartoniert, **DM 6,80**
Roller-Skating. Rollschuhlaufen. (0518) Von Christa-Maria und Richard Kerler, ca. 96 Seiten, Abbildungen, kartoniert, ca. **DM 6,80***
Auto-Rallyes für jedermann. Planen – ausrichten – mitfahren. (0457) Von Rüdiger Hagelberg, 104 Seiten, kartoniert, **DM 9,80**

* Neuerscheinung. Preise waren bei Druckbeginn noch nicht endgültig festgelegt.

Budo

Jiu-Jitsu. (0065) Von B. Kressel, 84 Seiten, 85 Abbildungen, kartoniert, **DM 5,80**
Ju-Jutsu – waffenlose Selbstverteidigung. Das Beste aus Judo, Karate, Aikido. (0276) Von W. Heim und F. J. Gresch, 156 Seiten, 460 Fotos, kartoniert, **DM 9,80**
Ju-Jutsu 2. Für Fortgeschrittene und Meister. (0378) Von Werner Heim und Franz J. Gresch, 164 Seiten, 708 Abbildungen, kartoniert, **DM 16,80**
Ju-Jutsu 3. Spezial-, Gegen- und Weiterführungstechniken (0485) Von Werner Heim, Franz Josef Gresch, 214 S., mit über 600 Abbildungen, kartoniert, **DM 19,80**
Judo – Grundlagen des Stand- und Bodenkampfes. (4013) Von W. Hofmann, 244 Seiten, 589 Fotos, 2-farbiger Einband, Großformat, gbd., **DM 28,–**
Judo. Grundlagen – Methodik. (0305) Von Mahito Ohgo, 204 Seiten, 1025 Fotos, kartoniert, **DM 14,80**
Judo. Go Kyo-Kampftechniken. (0352) Von Mahito Ohgo, 152 Seiten, 231 Abbildungen, kartoniert, **DM 16,80**
Wir machen Judo. (5069) Von Riccardo Bonfranchi und Ulrich Klocke, 92 Seiten, mit Bewegungsabläufen in cartoonartigen zweifarbigen Zeichnungen, kartoniert, **DM 12,80**
Neue Lehrmethoden der Judo-Praxis. (0424) Von Pierre Herrmann, 223 Seiten, 475 Abbildungen, kartoniert, **DM 16,80**
Karate I. Ein fernöstlicher Kampfsport. (0227) Von Albrecht Pflüger, 136 Seiten, 195 Fotos und Zeichnungen, kartoniert, **DM 9,80**
Karate II. (0239) Von Albrecht Pflüger, 160 Seiten, 452 Abbildungen, kartoniert, **DM 9,80**
Karate für alle. Karate-Selbstverteidigung in Bildern. (0314) Von Albrecht Pflüger, 112 Seiten, 356 Fotos, kartoniert, **DM 8,80**
Karate-Do. Das Handbuch des modernen Karate. (4028) Von Albrecht Pflüger, 360 Seiten, über 1159 Abbildungen, gebunden, **DM 28,–**
Nakayamas Karate perfekt 1. Einführung (0487) Von Masatoshi Nakayama, 144 S., mit 605 Fotos, kartoniert, **DM 19,80**
Nakayamas Karate perfekt 2. Grundtechniken. (0512) Von Masatoshi Nakayama,136 Seiten, 354 Fotos, 53 Zeichnungen, kartoniert, **DM 19,80**
Kontakt-Karate. Ausrüstung – Technik – Training. (0396) Von Albrecht Pflüger, 5. DAN Karate, 128 Seiten, 238 Fotos, kartoniert, **DM 12,80**
BO-Karate. Kukishin-Ryu – die Techniken des Stockkampfes. (0447) Von Georg Stiebler, 176 Seiten, 424 Fotos und 38 Zeichnungen, kartoniert, **DM 16,80**
Karate für Frauen und Mädchen. Sport und Selbstverteidigung. (0425) Von Albrecht Pflüger, 168 Seiten, 259 Fotos, kartoniert, **DM 9,80**
Kung Fu – Grundlagen, Technik. (0367) Von Bruce Tegner, 182 Seiten, 370 Fotos, kartoniert, **DM 14,80**
Kung-Fu II. Theorie und Praxis klassischer und moderner Stile. (0376) Von Manfred Pabst, 160 Seiten, 330 Abbildungen, kartoniert, **DM 12,80**
Shaolin-Kempo – Kung-Fu. Chinesisches Karate im Drachenstil. (0395) Von Ronald Czerni und Klaus Konrad, 236 Seiten, 723 Abbildungen, kartoniert, **DM 16,80**
Kampfsport Fernost. Kung-Fu – Judo – Karate – Kendo – Aikido (4108) Von Jim Wilson, 88 Seiten, 164 farbige Abbildungen, Pappband, **DM 22,–**
Shuriken · Tonfa · Sai. Stockfechten und andere bewaffnete Kampfsportarten aus Fernost. (0397) Von Andreas Schulz, 96 Seiten, 253 Fotos, kartoniert, **DM 12,80**
Nunchaku. Waffe und Sport – Selbstverteidigung. (0373) Von Albrecht Pflüger, 144 Seiten, 247 Abbildungen, kartoniert, **DM 16,80**
Aikido. Moderne japanische Selbstverteidigung. (0248) Von Gerd Wischnewski, 132 Seiten, 256 Abbildungen, kartoniert, **DM 9,80**
Kendo. Japanisches Stockfechten. (0413) Von Peter Jagemann, 120 Seiten, 170 Abbildungen, kartoniert, **DM 14,80**
Taekwon-Do. Koreanischer Kampfsport. (0347) Von Konstantin Gil, 152 Seiten, 408 Abbildungen, kartoniert, **DM 12,80**
Hap Ki Do. Grundlagen und Techniken koreanischer Selbstverteidigung. (0379) Von Kim Sou Bong, 120 Seiten, 153 Abbildungen, kartoniert, **DM 14,80**
Illustriertes Handbuch des Taekwondo. Koreanische Kampfkunst und Selbstverteidigung (4053) Von Konstantin Gil, 248 Seiten, 1026 Abbildungen gbd., **DM 28,–**.

Budo-Lexikon. 1500 Fachausdrücke fernöstlicher Kampfsportarten. (0383) Von Herbert Velte, 138 Seiten, 95 Abbildungen, kartoniert, **DM 9,80**
Budo-Weisheiten – und praktische Ratschläge. (0408) Herausgegeben von Herbert Velte, 80 Seiten, 8 Zeichnungen, kartoniert, **DM 9,80**
Budo-Karikaturen. Gezeichnete Witze über fernöstliche Kampfsportarten. (0504) Von Herbert Velte und Peter Raab, 112 Seiten, kartoniert, **DM 9,80**
Bruce Lee. Sein Leben und Kampf. Von seiner Frau Linda. (0392) Deutsch von W. Nottrodt, 182 Seiten mit vielen Abbildungen, **DM 16,80**

FALKEN + OHARA. Ein Exklusivabkommen mit dem weltgrößten Budo-Verlag OHARA, USA, ermöglicht es Falken, diese wichtige Produktion nun auch in deutscher Sprache dem Interessierten zugänglich zu machen.

Bruce Lees Jeet Kune Do. (0440) Von Bruce Lee, übersetzt von Hans-Jürgen Hesse, 192 Seiten, mit 105 eigenhändigen Zeichnungen von Bruce Lee, kartoniert, **DM 19,80**
Bruce Lees Kampfstil 1. Grundtechniken (0473)Von Bruce Lee und M. Uyehara, deutsch von Hans-Jürgen Hesse, 109 Seiten, 220 Abbildungen, kartoniert, **DM 9,80**
Bruce Lees Kampfstil 2. Selbstverteidigungs-Techniken (0486) Von Bruce Lee, M. Uyehara, 128 S., mit 310 Fotos, kartoniert, **DM 9,80**
Bruce Lees Kampfstil 3. Trainingslehre. (0503) Von Bruce Lee und M. Uyehara, 112 Seiten, 246 Abbildungen, kartoniert, **DM 9,80**
Dynamische Tritte. Grundlagen für den Freikampf. (0438) Von Chong Lee, übersetzt von Manfred Pabst, 96 Seiten, 398 Fotos, 10 Zeichnungen, kartoniert, **DM 9,80**
Fußwürfe für Judo, Karate und Selbstverteidigung. (0439) Von Hayward Nishioka, übersetzt von Hans-Jürgen Hesse, 96 Seiten, 260 Abbildungen, kartoniert, **DM 9,80**
SAI. Karate-Waffe zur Selbstverteidigung (0472) Von Fumio Demura, deutsch von Hans-Jürgen Hesse, 156 Seiten, 608 Abbildungen, kartoniert, **DM 16,80**

* Neuerscheinung. Preise waren bei Druckbeginn noch nicht endgültig festgelegt.

Wissen und Technik

Der Sklave Calvisius. 150 n. Chr. Alltag in einer römischen Provinz (4058) Von Alice Ammermann, Tilman Röhrig, Gerhard Schmidt, 120 S., mit über 100 farbigen und schwarzweißen Abbildungen, Pappband, **DM 19,80**
Antiquitäten-(Ver)führer. Stilkunde – Wert – Echtheitsbestimmung. (5057) Von Margot Lutze, 128 Seiten, über 180 Abbildungen, durchgehend vierfarbig, Pappband, **DM 19,80**
Antiquitäten. (4105) Herausgegeben von Peter Philp, übersetzt von Britta Zorn, 144 Seiten, mit über 250 Abbildungen, davon 43 vierfarbig, gebunden, **DM 19,80**
Orientteppiche. Herkunft – Knüpfkunst – Echtheitsbestimmung. (5046) Von Horst Müller, 64 Seiten, 62 vierfarbige Abbildungen, Pappband, **DM 12,80**
Freizeit mit dem Mikroskop. (0291) Von Martin Deckart, 132 Seiten, 69 Fotos und 4 Zeichnungen, kartoniert, **DM 9,80**
Heiße Öfen. (5008) Von Horst Briel, 64 Seiten, 63 Farbabbildungen, Pappband, **DM 9,80**
Mofas, Mokicks, Heiße Öfen. Steckbriefe der meistgefahrenen Maschinen. (0513) Von Horst Briel, 168 Seiten, 175 farbige und schwarzweiße Abbildungen, kartoniert, **DM 14,80**
Die schnellsten Motorräder der Welt. (4206) Von H. G. Isenberg und Dirk Maxeiner, 96 Seiten, 100 Farbabbildungen, Pappband, **DM 19,80**
Gebrauchtwagenpreise. Auf Basis der Erhebungen von Schwacke. (0490) Hrsg. von Hanns W. Schwacke, 128 S., kart., **DM 7,80**
Gebrauchtwagen-Preise. Frühjahr/Sommer 1980. (0519) Herausgegeben von Hanns W. Schwacke – Eurotax. 160 Seiten, kartoniert, **DM 7,80**
Die schnellsten Autos der Welt. (4201) Von H. G. Isenberg und Dirk Maxeiner, 96 Seiten, 110 Abbildungen, überwiegend vierfarbig, Pappband, **DM 19,80**
Autoreport. Fahrtechnik und Fahrverhalten. (5058) Erarbeitet von der »Arbeitsgruppe Autoreport« unter Leitung von Klaus Schramböhmer, im Hause der Berolina-Film-TV, 71 Seiten, 113 Abbildungen, kartoniert, **DM 9,80**
Die rasantesten Rallyes der Welt (4213) Von Hans G. Isenberg, Dirk Maxeiner, 96 S., mit ca. 100 großformatigen Fotos, Pbd., **DM 19,80**

Die schnellsten Motorboote der Welt. (4210) Von Hans G. Isenberg, 96 Seiten, 104 großformatige Farbfotos, Pappband, **DM 19,80**
Dampflokomotiven. (4204) Von Werner Jopp, 96 Seiten, 134 Farbabbildungen, Pappband, **DM 19,80**
Wärme aus Kälte und Sonne. Moderne Techniken zur Wärmegewinnung. (0453) Von Gottfried Kludas, 176 Seiten, 46 Zeichnungen, kartoniert, **DM 16,80**
Keine Angst vorm Fliegen. (0463) Von Rudolf Braunburg und R. J. Pieritz, 159 Seiten, 15 Farbtafeln, 68 Schwarzweißfotos, kartoniert, **DM 12,80**
Die tollsten Motorflugzeuge aller Zeiten. (4208) Von Richard J. Höhn und Hans G. Isenberg, 96 Seiten, 86 großformatige Farbfotos, Pappband, **DM 19,80**
Zivilflugzeuge. Vom Kleinflugzeug zum Überschalljet. (4218) Von Hans G. Isenberg und Richard J. Höhn, 96 Seiten, 115 großformatige Farbfotos, Pappband, **DM 19,80**

* Neuerscheinung. Preise waren bei Druckbeginn noch nicht endgültig festgelegt.

Pflanzen, Garten, Tiere

Alpenblumen. (4202) Von Kurt Blüchel, 96 Seiten mit 80 Abbildungen, durchgehend vierfarbig, Pbd., **DM 19,80**
Faszination Berg zwischen Alpen und Himalaya (4214) Von Toni Hiebeler, 96 S., mit 100 großformatigen Farbfotos, Pbd., **DM 19,80**
Die farbige Kräuterfibel. (0245) Von Ingrid Gabriel, 196 Seiten, 142 Abbildungen, davon 49 farbig, Taschenbuchformat, gebunden, **DM 12,80**
Großes Kräuter- und Gewürzbuch. (4026) Von Heinz Görz, 584 Seiten, 40 Farbtafeln und 152 Abbildungen, gebunden mit Schutzumschlag, **DM 29,80**
Gemüse und Kräuter. Frisch und gesund aus eigenem Anbau. (5024) Von Mechthild Hahn, 64 Seiten, 71 Abbildungen, durchgehend vierfarbig, Pappband, **DM 9,80**
Arzneikräuter und Wildgemüse erkennen und benennen. (0459) Von Jörg Raithelhuber, 140 Seiten, 108 Farbfotos, kartoniert, **DM 12,80**
Die bunte Welt der Wiesenblumen. (4217) Von Friedrich Jantzen, 96 Seiten, 121 großformatige Farbfotos, Pappband, **DM 19,80**
Bäume und Sträucher erkennen und benennen. (0509) Von Jörg Raithelhuber, ca. 136 Seiten, ca. 100 Farbfotos, kartoniert, ca. **DM 14,80***
Beeren und Waldfrüchte. erkennen und benennen – eßbar oder giftig? (0401) Von Jörg Raithelhuber, 136 Seiten, 90 Farbfotos, 40 s/w, kartoniert, **DM 12,80**
Das farbige Pilzbuch. (0215) Von K. und G. Kronberger, 132 Seiten, 105 farbige Abbildungen, gebunden, **DM 12,80**
Pilze erkennen und benennen. (0380) Von J. Raithelhuber, 136 Seiten, 106 Farbfotos, kartoniert, **DM 9,80**
Falken-Handbuch Pilze. Mit über 250 Farbfotos und Rezepten. (4061) Von Martin Knoop, 276 Seiten, 250 Farbfotos, 28 Zeichnungen, gebunden, mit vierfarbigem Schutzumschlag, **DM 36,00**
Fibel für Kakteenfreunde. (0199) Von H. Herold, 92 Seiten, 8 Farbtafeln, kartoniert, **DM 6,80**
Kakteen. Herkunft, Anzucht, Pflege. (5021) Von Werner Hoffmann, 64 Seiten, 70 Abbildungen, durchgehend vierfarbig, Pappband, **DM 9,80**
Faszinierende Formen und Farben Kakteen. (4211) Von Katharina und Franz Schild, 96 Seiten, 127 großformatige Farbfotos, Pappband, **DM 19,80**
Sukkulenten. Mittagsblumen, Lebende Steine, Wolfsmilchgewäche u. a. (5070) Von Werner Hoffmann, 64 Seiten, 82 Farbabbildungen, Pappband, **DM 9,80**
Orchideen. Eigenart – Schnittblumen – Topfkultur – Pflege. (5038) Von Dr. Gustav Schoser, 64 Seiten, 75 Farbfotos, Pappband, **DM 9,80**
Orchideen. (4215) Von Dr. Gustav Schoser, 143 S., mit 143 großform. Farbfotos, Pbd., **DM 19,80**
Zimmerpflanzen. (5010) Von Inge Manz, 64 Seiten, 98 Farbabbildungen, Pappband, **DM 9,80**
Hydrokultur. Pflanzen ohne Erde – mühelos gepflegt. (4080) Von Hans-August Rotter, ca. 120 Seiten, ca. 80 farbige und schwarzweiße Abbildungen und Zeichnungen, Pappband, ca. **DM 19,80***
Balkons in Blütenpracht zu allen Jahreszeiten. (5047) Von Nikolaus Uhl, 64 Seiten, 82 vierfarbige Abbildungen, Pappband, **DM 9,80**
Frühbeet und Kleingewächshaus. (5055) Von Dr. Gustav Schoser, 64 Seiten, 43 Farbfotos, durchgehend vierfarbig, Pappband, **DM 12,80**
Blumenpracht im Garten. (5014) Von Inge Manz, 64 Seiten, 93 Abbildungen, durchgehend vierfarbig, Pappband, **DM 9,80**

Rosen. Arten – Pflanzung – Pflege. (5065) Von Inge Manz, 64 Seiten, 60 Farbfotos, 1 Zeichnung, Pappband, **DM 9,80**
Ziersträucher und -bäume im Garten. (5071) Von Inge Manz, 64 Seiten, 91 Farbabbildungen, Pappband, **DM 12,80**
Steingärten. Anlage – Pflanzen – Pflege (5092) Von Martin Haberer, 64 S., mit 90 Farbfotos, Pappband, **DM 9,80**
Der Obstgarten. Pflanzung · Pflege · Baumschnitt · Neuheiten. (5100) Von Joachim Zech, 64 Seiten, ca. 60 Farbfotos, Pappband, **DM 9,80***
Gärtnern. (5004) Von Inge Manz, 64 Seiten, 38 Farbabbildungen, Pappband, **DM 9,80**
Der Garten. Das moderne illustrierte Standardwerk (4044) Von Gerhard Bambach, unter Mitarbeit von Ulrich Kaiser, Wolfgang Velte und Joachim Zech, 826 Seiten mit über 800 Abbildungen und Gartenskizzen, teils vierfarbig, gebunden mit Schutzumschlag. **DM 39,–**
Das Gartenjahr. Arbeitsplan für draußen und drinnen. (4075) Von Gerhard Bambach, 152 Seiten, 16 Farbtafeln, viele Abbildungen, kartoniert, **DM 9,80**

Tiernamen-ABC für Züchter und Tierfreunde. (0372) Von Hans Schiefelbein, 104 Seiten, kartoniert, **DM 7,80**
Das Aquarium. Einrichtung, Pflege und Fische für Süß- und Meerwasser. (4029) Von Hans J. Mayland. 334 S. mit über 415 Farbabbildungen u. Farbtafeln sowie 150 Zeichnungen u. Skizzen, Balacron mit vierfarbigem Schutzumschlag, abwaschbare Polyleinprägung, **DM 36,–**
Das Süßwasser-Aquarium. Einrichtung – Pflege – Fische – Pflanzen. (0153) Von W. Baehr und H. J. Mayland, 132 Seiten, 163 Zeichnungen und 8 Farbtafeln, kartoniert, **DM 7,80**
Das Meerwasser-Aquarium. Einrichtung – Pflege – Fische und niedere Tiere. (0281) Von Hans J. Mayland, 146 Seiten, 258 Abbildungen, davon 30 farbig, kartoniert, **DM 9,80**
Aquarienpflanzen. Alles über den Unterwassergarten. (5032) Von Hans J. Mayland, 64 Seiten, über 100 Farbfotos und Zeichnungen, Pappband, **DM 14,80**
Aquarienfische des tropischen Süßwassers. (5003) Von Hans J. Mayland, 64 Seiten, 98 Farbabbildungen, Pappband, **DM 9,80**
Süßwasser-Aquaristik. Exotische Welt im Glas. (5080) Von Lothar Scheller, 64 Seiten, 67 Farbfotos und Zeichnungen, Pappband, **DM 12,80**
Süßwasser-Aquarienfische (4212) Von Burkard Kahl, 96 Seiten, 108 großformatige Farbfotos, Pappband, **DM 19,80**
Das Terrarium. (4069) Von Burkard Kahl, Paul Gaupp, Dr. Günter Schmidt, 336 S., mit 215 farb. Abb., gbd., mit vierfarb. Schutzumschl., **DM 39,–**
Amphibien und Reptilien im Terrarium. Lebensgewohnheiten – Arten – Pflege. (5056) Von Kurt Rimpp, 64 Seiten, 70 Farbabbildungen, 19 Zeichnungen, durchgehend vierfarbig, Pappband, **DM 12,80**
Die lieben Haustiere. (5023) Von Justus Pfaue, 92 Seiten mit vielen Abbildungen, kartoniert, **DM 12,80**
Das neue Hundebuch. (0009) Von W. Busack, überarbeitet von Dr. med. vet. A. Hacker, 104 Seiten, zahlreiche Abbildungen auf Kunstdrucktafeln, kartoniert, **DM 6,80**
Hunde-Ausbildung. Verhalten – Gehorsam – Abrichtung. (0346) Von Prof. Dr. R. Menzel, 96 Seiten, 18 Fotos, kartoniert, **DM 7,80**
Der deutsche Schäferhund. (0073) Von Dr. Hacker, 104 Seiten, 24 Abbildungen auf Kunstdrucktafeln, kartoniert, **DM 6,80**
Falken-Handbuch Der Deutsche Schäferhund. (4077) Von Ursula Förster, ca. 240 Seiten, ca. 150 farbige und schwarzweiße Abbildungen sowie Zeichnungen, gebunden mit Schutzumschlag, ca. **26,80***
Hunde. Rassen – Erziehung – Haltung. (4209) Von Horst Bielfeld, 96 Seiten, 101 großformatige Farbfotos, Pappband, **DM 19,80**
Das neue Katzenbuch. Rassen – Aufzucht – Pflege. (0427) Von Brigitte Eilert-Overbeck, 128 Seiten, 14 Farbfotos und 26 schwarzweiß, kartoniert, **DM 7,80**
Katzen. Rassen · Haltung. Pflege · (4216) Von Brigitte Eilert-Overbeck, 96 Seiten, 82 großformatige Farbfotos, Pappband, **DM 19,80**
Vögel. Ein Beobachtungs- und Bestimmungsbuch. (0290) Von Dr. Winfried Potrykus, mit Zeichnungen von Ursula Grawert, 120 Seiten, 233 Abbildungen, davon 160 farbig, Pappband, **DM 12,80**
Ziervögel in Haus und Voliere. Arten – Verhalten – Pflege. (0377) Von Horst Bielfeld, 144 Seiten, 32 Farbfotos, kartoniert, **DM 9,80**
Schmetterlinge. Tagfalter Mitteleuropas erkennen und benennen. (0510) Von Thomas Ruckstuhl, 136 Seiten, ca. 100 Farbfotos, kartoniert, ca. **DM 14,80***
Ponys. Rassen, Haltung, Reiten (4205) Von Stefan Braun, 96 Seiten mit 84 Farbabbildungen, Pappband **DM 19,80**

* Neuerscheinung. Preise waren bei Druckbeginn noch nicht endgültig festgelegt.

Essen und Trinken

Selbst Brotbacken mit über 50 erprobten Rezepten. (0370) Von Jens Schiermann, 80 Seiten, 6 Zeichnungen, 4 Farbtafeln, kartoniert, **DM 6,80**
Brotspezialitäten backen und kochen (5088) Von Jack W. Hochscheid, Lutz Helger, 64 S., mit 50 Farbfotos, Pbd., **DM 9,80**
Schönes Hobby: Backen. Erprobte Rezepte mit modernen Backformen. (0451) Von Elke Blome, 96 Seiten, 8 Farbtafeln, kartoniert, **DM 6,80**
Waffeln süß und pikant. (0522) Von Christiane Stephan, 64 Seiten, 4 Farbtafeln, kartoniert, **DM 6,80**
Kleingebäck. Plätzchen – Kekse – Guetzli (5089) Von Margrit Gutta, 64 S., mit 50 Farbfotos, Pbd., **DM 9,80**
Kuchen und Torten. (5067) Von Klaus Groth, 64 Seiten mit 42 Abbildungen, durchgehend vierfarbig, Pbd., **DM 9,80**
Gesunde Kost aus dem Römertopf. (0442) Von Jutta Kramer, 128 Seiten, 8 Farbtafeln, 13 Zeichnungen, kartoniert, **DM 7,80**
Gesund kochen – wasserarm und fettfrei. (4060) Von Margrit Gutta, 240 Seiten, 16 Farbtafeln, Pappband, **DM 19,80**
Salate für alle Gelegenheiten. (5002) Von Elke Fuhrmann, 64 Seiten, 47 Abbildungen, durchgehend vierfarbig, Pappband, **DM 9,80**
88 köstliche Salate. (0222) Von Christine Schönherr, 104 Seiten, 8 Farbtafeln, kartoniert, **DM 6,80**
Miekes Kräuter- und Gewürzkochbuch. (0323) Von Irmgard Persy und Klaus Mieke, 96 Seiten, 8 Farbtafeln, kartoniert, **DM 6,80**
Natursammlers Kochbuch. Wildfrüchte und -gemüse, Pilze, Kräuter – finden und zubereiten. (4040) Von Christa-Maria Kerler, 140 Seiten, 12 Farbtafeln, Pbd. mit vierfarbigem Überzug, **DM 19,80**
Kräuter- und Heilpflanzen-Kochbuch. (4066) Von Pia Pervenche, 152 Seiten, 15 Farbtafeln, in flexiblem Karton gebunden, **DM 9,80**
Garen im Herd. Rezepte für Brattöpfe. (0345) Von Eva Exner, 96 Seiten, 8 Farbtafeln, kartoniert, **DM 6,80**
Schnell gekocht – gut gekocht mit vielen Rezepten für Schnellkochtöpfe und Schnellbratpfannen. (0265) Von Irmgard Persy, 96 Seiten, 8 Farbtafeln, kartoniert, **DM 6,80**
Soßen. Die Krönung der feinen Küche. (0357) Von Giovanni Cavestri, 100 Seiten, 14 Farbtafeln, kartoniert, **DM 9,80**
Hobby-Kochbuch für Tiefkühlkost. Bunte TK-Fibel. (0302) Von Ruth Vollmer-Ruprecht, 104 Seiten, 8 Farbtafeln, kartoniert, **DM 6,80**
Einkochen nach allen Regeln der Kunst. (0405) Von Birgit Müller, 96 Seiten, 8 Farbtafeln, kartoniert, **DM 6,80**
Alles über Einkochen, Einlegen, Einfrieren. (4055) Von Birgit Müller, 152 Seiten, 15 Farbtafeln, in flexiblem Karton gebunden, **DM 9,80**
Alles mit Obst. Einkochen – Einlegen – Einfrieren. (0364) Von M. Hoff und B. Müller, 96 Seiten, 8 Farbtafeln, kartoniert, **DM 6,80**
Das neue Mikrowellen-Kochbuch (0434) Von Hermann Neu, 64 Seiten, 4 Farbtafeln, kartoniert, **DM 5,80**
Heißlufttherde. Vorteile, Gebrauchsanleitung, Rezepte. (0516) Von Christel Kölmel, ca. 80 Seiten, kartoniert, ca. **DM 6,80***
Fritieren – neu – geruchlos, schmackhaft und gesund. (0365) Von Marianne Bormio, 96 Seiten, kartoniert, **DM 6,80**
Fondues. (5006) Von Eva Exner, 64 Seiten, 50 Abbildungen, durchgehend vierfarbig, Pappband, **DM 9,80**
Fondues und fritierte Leckerbissen (0471) Von Stefanie Stein, 80 S., 8 Farbtafeln, kartoniert, **DM 6,80**
Rezepte rund um Raclette und Hobby-Rechaud. (0420) Von Jack W. Hochscheid, 72 Seiten, 8 Farbtafeln, kartoniert, **DM 7,80**
Die neue Grillküche. Garen und backen im Quarz-Grill. (0419) Von Marianne Bormio, 80 Seiten, 8 Farbtafeln, kartoniert, **DM 7,80**
Grillen mit dem Kontaktgrill. (0441) Von Birgit Müller, 80 Seiten, 8 Farbtafeln und 29 Zeichnungen, kartoniert, **DM 7,80**
Leckereien vom Spieß und Grill. (0169) Von J. Zadar, 80 Seiten, 13 Abbildungen, kartoniert, **DM 5,80**
Grillen – drinnen und draußen. (4032) Von Claus Arius, 160 Seiten, 35 Farbabbildungen, gebunden, **DM 19,80**
Grillen – drinnen und draußen. (4047) Von Claus Arius, 152 Seiten, 30 Farbtafeln, in flexiblem Karton gebunden, **DM 9,80**
Grillen. (5001) Von Inge Zechmann, 64 Seiten, 38 Abbildungen, durchgehend vierfarbig, Pappband, **DM 9,80**
Max Inzingers 111 beste Rezepte. (4041) Von Max Inzinger, 124 Seiten, 35 Farbtafeln, gebunden, **DM 19,80**
(4042) Gebundene Luxusausgabe mit Balacron und Goldprägung, **DM 26,–**

Der lachende Feinschmecker. Fred Metzlers Rezepte mit Pointen (0475) Von Fred Metzler, 136 S., mit Zeichnungen von Ferry Ahrlé, Pappband, **DM 12,80**
Kulinarische Genüsse für Verliebte. (4071) Von Claus Arius, ca. 112 Seiten, 16 Farbtafeln, gebunden, mit Schutzumschlag, ca. **DM 19,80***
Kalte Platten. (4064) Von Maître Pierre Pfister, 240 Seiten, 135 großformatige Farbfotos, gebunden, mit vierfarbigem Schutzumschlag, **DM 48,–**
Kalte Happen. und Partysnacks (5029) Von Dolly Peters, 64 Seiten, 35 vierfarbige Abbildungen, Pbd., **DM 9,80**
Kalte Platten – Kalte Büffets. (5015) Von Margrit Gutta, 64 Seiten, durchgehend vierfarbig mit 34 Farbabbildungen, Pbd., **DM 9,80**
Kleine kalte Küche für Alltag und Feste. (5097) Von Anneliese und Gerhard Eckert, 64 Seiten, 45 Farbfotos, Pappband, **DM 9,80**
Kalte und warme Vorspeisen. einfach · herzhaft · raffiniert (5045) Von Karin Iden, 64 Seiten, 43 vierfarbige Abbildungen, Pbd., **DM 9,80**
Desserts. (5020) Von Margrit Gutta, 64 Seiten mit 38 Abbildungen, durchgehend vierfarbig, Pbd., **DM 9,80**
Fischküche. kalt und warm · mild und herzhaft (5052) Von Heidrun Gebhardt, 64 Seiten, 36 Abbildungen, durchgehend vierfarbig, Pbd., **DM 9,80**
Raffinierte Steaks. und andere Fleischgerichte (5043) Von Gerhard Eckert, 64 Seiten, 37 vierfarbige Abbildungen, Pbd., **DM 9,80**
Wild und Geflügel. (4056) Von Christine Schönherr, 256 Seiten, 122 großformatige Farbfotos, gebunden, mit vierfarbigem Schutzumschlag, **DM 48,–**
Geflügel. Die besten Rezepte aus aller Welt. (5050) Von Margrit Gutta, 64 Seiten, 32 Abbildungen, durchgehend vierfarbig, Pappband, **DM 9,80**
Köstliche Pizzas, Toasts, Pasteten. (5081) Von Anneliese und Gerhard Eckert, 64 Seiten, 48 Farbfotos, Pappband, **DM 9,80**
Die besten Eintöpfe und Aufläufe. (5079) Von Anneliese und Gerhard Eckert, 64 Seiten, 49 Farbfotos, Pappband, **DM 9,80**
Nudelgerichte – lecker, locker, leicht zu kochen. (0466) Von Christiane Stephan, 80 Seiten, 8 Farbtafeln, kartoniert, **DM 6,80**
Der schön gedeckte Tisch. (5005) Von Rolf Stender, 64 Seiten, 60 Abbildungen, durchgehend vierfarbig, Pappband, **DM 9,80**
Chinesisch kochen. (5011) Von Karl-Heinz Haß, 64 Seiten, 33 Farbabbildungen, Pbd., **DM 9,80**
Ostasiatische Küche schmackhaft und bekömmlich (5066) Von Taki Sozuki, 64 Seiten, mit 38 Abbildungen, durchgehend vierfarbig, Pbd., **DM 9,80**
Japanische Küche schmackhaft und bekömmlich (5087) Von Hiroko Toi, 64 S., mit ca. 50 Farbfotos, Pbd., **DM 9,80***
Deutsche Spezialitäten. (5025) Von R. Piwitt, 64 Seiten, 37 Abbildungen, durchgehend vierfarbig, Pbd., **DM 9,80**
Italienische Küche. (5026) Von Margrit Gutta, 64 Seiten, 33 Abbildungen, durchgehend vierfarbig, Pbd., **DM 9,80**
Französisch kochen. (5016) Von Margrit Gutta, 64 Seiten, durchgehend vierfarbig mit 35 Farbabbildungen, Pbd., **DM 9,80**
Spanische Küche. (5037) Von Margrit Gutta, 64 Seiten, 35 Abbildungen, durchgehend vierfarbig, Pappband, **DM 9,80**
Nordische Küche. Speisen und Getränke von der Küste. (5082) Von Jutta Kürtz, 64 Seiten, 44 Farbfotos, Pappband, **DM 9,80**
Dänische Küche. Nordische Tafelfreuden (5086) Von Holger Hofmann, 64 S., mit 50 Farbfotos, Pbd., **DM 9,80**

Rund um den Rum. Von der Feuerzangenbowle zum Karibiksteak. (5053) Von Holger Hofmann, 64 Seiten, 32 Abbildungen, durchgehend vierfarbig, Pappband, **DM 9,80**
Großes Getränkebuch. Wein · Sekt · Bier und Spirituosen aus aller Welt, pur und gemixt. (4039) Von Claus Arius, 288 Seiten mit Register, 179 teils großformatige Farbfotos, Balacron mit farbigem celloph. Schutzumschlag, Schuber, **DM 58,–**
Cocktails und Mixereien. (0075) Von J. Walker, 104 Seiten, 25 Zeichnungen, kartoniert, **DM 5,80**
Neue Cocktails und Drinks mit und ohne Alkohol. (0517) Von Siegfried Späth, 128 Seiten, 4 Farbtafeln, Pappband, **DM 9,80**
Mixen mit und ohne Alkohol. (5017) Von Holger Hofmann, 64 Seiten, 35 Abbildungen, durchgehend vierfarbig, Pappband, **DM 9,80**
Tee für Genießer. (0356) Von Marianne Nicolin, 64 Seiten, 4 Farbtafeln, kartoniert, **DM 5,80**
Tee. Herkunft · Mischungen · Rezepte. (0515) Von Sonja Ruske, 96 Seiten, 4 Farbtafeln und viele Abbildungen, Pappband, **DM 9,80**
Rund um den Kaffee (0492) Von Holger Hofmann, ca. 96 S., mit 8 Farbtafeln, kartoniert, ca. **DM 6,80***

* Neuerscheinung. Preise waren bei Druckbeginn noch nicht endgültig festgelegt.

Gesundheit und Schönheit

Der praktische Hausarzt. (4011) Unter Mitarbeit zahlreicher Fachärzte, koordiniert von Dr. Eric Weiser, 718 Seiten, 487 Abbildungen und 16 Farbtafeln, **DM 19,80**
Die Frau als Hausärztin. (4072) Von Dr. med. Anna Fischer-Dückelmann, 808 S., 16 Farbt., 174 Fotos, 238 Zeichn., Subskriptionspreis bis 30. 4. 80 **DM 49,80**, danach **DM 58,–**
Neue Rezepte für Diabetiker-Diät. Vollwertig – abwechslungsreich – kalorienarm. (0418) Von Monika Oehlrich, 120 Seiten, 8 Farbtafeln, kartoniert, **DM 9,80**
Schonkost heute. Vollwertige Ernährung für Gesunde und Magen-, Darm-, Galle-, Leber-Diät. (0360) Von Monika Oehlrich und Ulrike Schubert, 140 Seiten, 8 Farbtafeln, kartoniert, **DM 9,80**
Computer-Menüs zum Schlankwerden. Die 1000-Kalorien-Kost aus dem Computer. (0317) Von Dr. Maria Wagner und Ulrike Schubert, 92 Seiten mit vielen Tabellen, kartoniert, **DM 6,80**
Die neue leckere Diätküche. (5034) Von Ulrike Schubert, 64 Seiten, 30 Rezeptfotos, Pappband, **DM 9,80**
Die Brot-Diät – der Schlankheitsplan ohne Extreme. (0452) Von Prof. Dr. Erich Menden und Waltraute Aign, 92 Seiten, 8 Farbtafeln, kartoniert, **DM 6,80**
Kalorien · Joule. Eiweiß – Fett – Kohlehydrate tabellarisch nach gebräuchlichen Mengen. (0374) Von Marianne Bormio, 88 Seiten, kartoniert, **DM 4,80**
Rohkost – abwechslungsreich – schmackhaft – gesund. (5044) Von Ingrid Gabriel, 64 Seiten, 40 Abbildungen, durchgehend vierfarbig, Pappband, **DM 7,80**
Alles mit Joghurt. tagfrisch selbstgemacht mit vielen Rezepten (0382) Von Gerda Volz, 88 Seiten, 8 Farbtafeln, kartoniert, **DM 7,80**
Koch' mit Köpfchen. Iß das Richtige zum Schlankwerden. (0421) Von Max Inzinger, 92 Seiten, kartoniert, **DM 7,80**
Das große Hausbuch der Naturheilkunde. (4052) Von Gerhard Leibold, 386 Seiten, 18 Farbfotos und 8 schwarz-weiß, 196 Zeichnungen, gebunden mit vierfarbigem Schutzumschlag, **DM 34,–**
Heilkräfte der Natur. (4203) Von Kurt Blüchel, 96 Seiten, 85 Abbildungen, durchgehend vierfarbig, Pappband, **DM 19,80**
Falken-Handbuch Heilkräuter, Modernes Lexikon der Pflanzen und Anwendungen. (4076) Von Gerhard Leibold, 392 Seiten, 183 Farbfotos, gebunden, mit Schutzumschlag, **DM 29,80**
Schönheitspflege. Kosmetische Tips für jeden Tag. (0493) Von Heide Zander, 96 Seiten, Abbildungen, kartoniert, ca. **DM 7,80***
Gesünder schlafen aber wie? (0494) Von Rolf Faller, 96 Seiten, 11 Farbfotos, kartoniert, **DM 8,80**
Eigenbehandlung durch Akupressur. Heilwirkungen – Energielehre – Meridiane. (0417) Von Gerhard Leibold, 152 Seiten, 78 Abbildungen, kartoniert, **DM 9,80**
Hypnose und Autosuggestion. Methoden – Heilwirkungen – Praktische Beispiele (0483) Von Gerhard Leibold, 116 S., kartoniert, **DM 7,80**
Gesund und fit durch Gymnastik. (0366) Von Hannelore Pilss-Samek, 132 Seiten, 150 Abbildungen, kartoniert, **DM 7,80**
10 Minuten täglich Tele-Gymnastik. (5102) Von Beate Mentz und Kafi Biermann, ca. 128 Seiten, ca. 300 Abbildungen, kartoniert, ca. **DM 12,80***
Yoga gegen Haltungsschäden und Rückenschmerzen. Krokodil-Übungen für jung und alt. (0394) Von Alois Raab, 104 Seiten, 215 Abbildungen, kartoniert, **DM 5,80**
Gesundheit und Spannkraft durch Yoga. (0321) Von Dr. Lothar Frank und Ursula Ebbers, 120 Seiten, 50 Fotos, kartoniert, **DM 6,80**
Yoga für Jeden mit Kareen Zebroff. (0341) 156 Seiten, 135 Abbildungen, kartoniert mit Spiralbindung **DM 20,–**
Yoga für Liebhaber (4112) Von John Champ, 60 S., durchgehend vierfarb., mit großform. Fotos, **DM 24,80**
Schön, schlank und fit mit Kareen Zebroff. (0371) 176 Seiten, 126 Abbildungen, kartoniert, **DM 20,–**
Yoga für Mütter und Kinder. (0349) Von Kareen Zebroff, 128 Seiten, 139 Abbildungen, kartoniert, **DM 18,–**

* Neuerscheinung. Preise waren bei Druckbeginn noch nicht endgültig festgelegt.

Briefsteller

Erfolgreiche Kaufmanns-Praxis. Wirtschaftliche Grundlagen, Geld, Kreditwesen, Steuern, Betriebsführung, Recht, EDV (4046) Von Wolfgang Göhler, Herbert Gölz, Manfred Heibel, Dr. Detlev Machenheimer, mit einem Vorwort von Dr. Karl Obermayr, 544 Seiten, geb. mit Schutzumschlag, **DM 34,–**
Moderne Korrespondenz. (4014) Von H. Kirst und W. Manekeller, 570 Seiten, gebunden, **DM 39,–**
Behördenkorrespondenz. Musterbriefe – Anträge – Einsprüche. (0412) Von Elisabeth Ruge, 120 Seiten, kartoniert, **DM 6,80**

Geschäftliche Briefe des Handwerkers und Kaufmanns. (0041) Von A. Römer, 96 Seiten, kartoniert, **DM 5,80**
Privatbriefe Muster für alle Gelegenheiten (0114) Von Irmgard Wolter-Rosendorf, ca. 96 S., kartoniert, **DM 6,80**
Worte und Briefe der Anteilnahme. (0464) Von Elisabeth Ruge, 127 Seiten, mit Abbildungen, kartoniert, **DM 6,80**
Der neue Briefsteller. (0060) Von I. Wolter-Rosendorf, 112 Seiten, kartoniert, **DM 5,80**
Musterbriefe für alle Gelegenheiten. (0231) Herausgegeben von Olaf Fuhrmann, 248 Seiten, kartoniert, **DM 9,80**
Die erfolgreiche Bewerbung. (0173) Von W. Manekeller, 152 Seiten, kartoniert, **DM 8,80**
Erfolgreiche Bewerbungsbriefe und Bewerbungsformen. (0138) Von W. Manekeller, 88 Seiten, kartoniert, **DM 4,80**
Lebenslauf und Bewerbung. Beispiele für Inhalt, Form und Aufbau (0428) Von Hans Friedrich, 112 Seiten, kartoniert, **DM 5,80**
Die Redekunst, Redetechnik, Rednererfolg. (0076) Von Kurt Wolter, überarbeitet von Dr. W. Tappe, 80 Seiten, kartoniert, **DM 4,80**
Großes Buch der Reden und Ansprachen für jeden Anlaß. (4009) Herausgegeben von F. Sicker, 468 Seiten, Lexikonformat, Ganzleinen, **DM 39,–**
Festreden und Vereinsreden. (0069) Von K. Lehnhoff und E. Ruge, 88 Seiten, kartoniert, **DM 4,80**

* Neuerscheinung. Preise waren bei Druckbeginn noch nicht endgültig festgelegt.

Fortbildung und Beruf

Maschinenschreiben durch Selbstunterricht Band 1. (0170) Von A. Fonfara, 84 Seiten mit vielen Abbildungen, kartoniert, **DM 4,80**
Maschinenschreiben durch Selbstunterricht Band 2. (0252) Von Hanns Kaus, 84 Seiten, kartoniert, **DM 5,80**
Stenografie – leicht gelernt. (0266) Von Hanns Kaus, 64 Seiten, kartoniert, **DM 5,80**
Buchführung leicht gefaßt. (0127) Von R. Pohl, 104 Seiten, kartoniert, **DM 7,80**
Rechnen aufgefrischt. (0100) Von H. Rausch, 108 Seiten, kartoniert, **DM 6,80**
Aufgaben lösen und Spiele mit dem Taschenrechner. (5060) Von Peter Fleischhauer, Fernsehbegleitbuch, 120 Seiten, 55 Abbildungen und Zeichnungen, kartoniert, **DM 9,80**
Schülerlexikon der Mathematik. Formeln, Übungen und Begriffserklärungen für die Klassen 5–10. (0430) Von Robert Müller, 176 Seiten, 96 Zeichnungen, kartoniert, **DM 9,80**
Mathematische Formeln für Schule und Beruf. Mit Beispielen ud Erklärungen. (0499) Von Robert Müller, ca. 160 Seiten, 210 Zeichnungen, kartoniert, ca. **DM 9,80***
Aufsätze besser schreiben. Förderkurs für die Klassen 4–10. (0429) Von Kurt Schreiner, 144 Seiten, 4 Fotos und 27 Zeichnungen, **DM 9,80**
Diktate besser schreiben. Übungen zur Rechtschreibung für die Klassen 4 bis 8. (0469) Von Kurt Schreiner, 149 Seiten, kartoniert, **DM 9,80**
Wie behandle ich meinen Chef? (5030) Von Dr. Bernd Gasch und Ulrike Hess, 88 Seiten mit Karikaturen, kartoniert, **DM 9,80**
Einmaleins der Demokratie im sozialen Verwaltungsstaat. (0407) Von Prof. Dr. Richard Bartlsperger, 128 Seiten mit Grafiken und Abbildungen, kartoniert, **DM 9,80**

* Neuerscheinung. Preise waren bei Druckbeginn noch nicht endgültig festgelegt.

Glückwünsche

Trinksprüche, Richtsprüche, Gästebuchverse. (0224) Von D. Kellermann, 80 Seiten, kartoniert, **DM 4,80**
Neue Glückwunschfibel für Groß und Klein. (0156) von Renée Christian-Hildebrandt, 96 Seiten, kartoniert, **DM 4,80**
Großes Buch der Glückwünsche. (0255) Herausgegeben von Olaf Fuhrmann, 240 Seiten, 64 Zeichnungen und viele Gestaltungsvorschläge, kartoniert, **DM 9,80**
Glückwunschverse für Kinder. (0277) Von B. Ulrici, 80 Seiten, kartoniert, **DM 4,80**
Verse fürs Poesiealbum. (0241) Von Irmgard Wolter, 96 Seiten, 20 Abbildungen, kartoniert, **DM 4,80**
Rosen, Tulpen, Nelken . . . Beliebte Verse fürs Poesiealbum (0431) Von Waltraud Pröve, 96 Seiten mit Faksimile-Abbildungen, kartoniert, **DM 5,80**
Hochzeitszeitungen. Mit vielen Text- und Gestaltungsanregungen. (0288) Von Hans-Jürgen Winkler, 104 Seiten, 15 Abbildungen, 1 Musterzeitung, kartoniert, **DM 6,80**
Glückwünsche, Toasts und Festreden zur Hochzeit. (0264) Von Irmgard Wolter, 88 Seiten, kartoniert, **DM 4,80**
Kindergedichte zur Grünen, Silbernen und Goldenen Hochzeit. (0318) Von Hans-Jürgen Winkler, 104 Seiten, 20 Abbildungen, kartoniert, **DM 5,80**

Deutsch für Ausländer

Deutsch für Ausländer im Selbstunterricht. Ausgabe für Spanier. (0253) Von Juan Manuel Puente und Ernst Richter, 136 Seiten, 62 Zeichnungen, kartoniert, **DM 9,80**
Deutsch für Ausländer im Selbstunterricht. Ausgabe für Italiener. (0254) Von Italo Nadalin und Ernst Richter, 156 Seiten, 62 Zeichnungen, kartoniert, **DM 9,80**
Deutsch für Ausländer im Selbstunterricht. Ausgabe für Jugoslawen. (0261) Von I. Hladek und Ernst Richter, 132 Seiten, 62 Zeichnungen, kartoniert, **DM 9,80**
Deutsch für Ausländer im Selbstunterricht. Ausgabe für Türken. (0262) von B. I. Rasch und Ernst Richter, 136 Seiten, 62 Zeichnungen, kartoniert, **DM 9,80**
Deutsch – Ihre neue Sprache. Grundbuch. (0327) Von H. J. Demetz und J. M. Puente, 204 Seiten mit über 200 Abbildungen, kartoniert, **DM 14,80**
Deutsch – Ihre neue Sprache. Lehrerheft. (0328) Von H. J. Demetz und J. M. Puente, 48 Seiten, kartoniert, **DM 5,80**
Glossar Italienisch. (0329) Von H. J. Demetz und J. M. Puente, 62 Seiten, kartoniert, **DM 6,80**
Glossar Spanisch. (0330) Von H. J. Demetz und J. M. Puente, 62 Seiten, kartoniert, **DM 6,80**
Glossar Serbo-kroatisch. (0331) Von H. J. Demetz und J. M. Puente, 62 Seiten, kartoniert, **DM 6,80**
Glossar Türkisch. (0332) Von H. J. Demetz und J. M. Puente, 62 Seiten, kartoniert, **DM 6,80**
Glossar Griechisch. (0333) Von H. J. Demetz und J. M. Puente, 62 Seiten, kartoniert, **DM 6,80**
Glossar Portugiesisch. (0334) Von H. J. Demetz und J. M. Puente, 62 Seiten, kartoniert, **DM 6,80**
Glossar Arabisch. (0335) Von H. J. Demetz und J. M. Puente, 62 Seiten, kartoniert, **DM 6,80**
Glossar Englisch. (0336) Von H. J. Demetz und J. M. Puente, 62 Seiten, kartoniert, **DM 5,80**
Glossar Französisch. (0337) Von H. J. Demetz und J. M. Puente, 62 Seiten, kartoniert, **DM 6,80**
Tonband 13 cm, 9,5 cm/sec., 91 Min., Doppelspur. (0338) **DM 89,–**
2 Compact-Cassetten, 90 Min., einspurig. (0339) **DM 36,–**
135 Diapositive, Texterschließung der Lerneinheiten I–X. (0340) **DM 180,–**

Geselligkeit

Der Gute Ton. Ein moderner Knigge (0063) Von Irmgard Wolter, 168 Seiten, 38 Zeichnungen, kartoniert, **DM 7,80**
Neue Spiele für Ihre Party. (2022) Von Gerda Blechner, mit vielen Zeichnungen von Fee Buttig, 120 Seiten, kartoniert, **DM 7,80**
Partytänze – Partyspiele. (5049) Von Wally Kaechele, 94 Seiten mit 104 Fotos, herausgegeben von der »tanzillustrierten«, Pbd., **DM 12,80**
Wir geben eine Party. (0192) Von Elisabeth Ruge, 88 Seiten, 8 Farbtafeln, 23 Zeichnungen, kartoniert, **DM 6,80**
So feiert man Feste fröhlicher. (0098) Von Dr. Allos, 96 Seiten, 15 Abbildungen, kartoniert, **DM 5,80**
Tischkarten und Tischdekorationen. (5063) Von Gabriele Vocke, 64 Seiten, 79 Abbildungen, durchgehend vierfarbig, Pappband, **DM 9,80**
Lustige Tanzspiele und Scherztänze. (0165) Von E. Bäulke, 80 Seiten, 53 Abbildungen, kartoniert, **DM 4,80**
Wir lernen tanzen mit dem Ehepaar Fern. (0200) Von Ernst und Helga Fern, 168 Seiten, 125 Fotos und 46 Schrittdiagramme, kartoniert, **DM 8,80**
Tanzstunde. Die 11 Tänze des Welttanzprogramms (5018) Von Gerd Hädrich, 120 Seiten, 372 Fotos und Schrittskizzen, Pbd., **DM 15,–**
Tanzstunde 2. Figuren für Fortgeschrittene. (5027) Von Gerd Hädrich, 72 Seiten, 233 Abbildungen, Pappband, **DM 10,–**
Disco-Tänze (0491) Von Barbara und Felicitas Weber, 104 S., 104 Abbildungen, kartoniert, **DM 6,80**
Sing mit Fischer. (0422) Herausgegeben vom Freundeskreis der Fischer-Chöre, 176 Seiten, 16 Farbtafeln, kartoniert, **DM 9,80**
Die schönsten Volkslieder. (0432) Von Dietmar Walther, 128 Seiten, mit Notenbeispielen und Zeichnungen, kartoniert, **DM 4,80**
Die schönsten Wander- und Fahrtenlieder. (0462) Herausgegeben von Franz R. Miller, 80 Seiten, mit Noten, kartoniert, **DM 4,80**
Die schönsten Berg- und Hüttenlieder. (0514) Herausgegeben von Franz R. Miller, empfohlen vom Deutschen Sängerbund, ca. 128 Seiten, viele Zeichnungen, kartoniert, ca. **DM 4,80***

* Neuerscheinung. Preise waren bei Druckbeginn noch nicht endgültig festgelegt.

Denksport

Der große Rätselknacker. (4022) Über 100 000 Rätselfragen, zusammengestellt von H. J. Winkler, 544 Seiten, Lexikonformat, kartoniert, **DM 19,80**
Großes Rätsel-ABC. (0246) Von H. Schiefelbein, 416 Seiten, gebunden, **DM 16,80**
Rätsel lösen – ein Vergnügen. (0182) Von E. Maier, 240 Seiten, kartoniert, **DM 9,80**
Quiz. (0129) Von R. Sautter und W. Pröve, 92 Seiten, 9 Zeichnungen, kartoniert, **DM 5,80**
Denksport und Schnickschnack für Tüftler und fixe Köpfe. (0362) Von Jürgen Barto, 100 Seiten, 45 Abbildungen, kartoniert, **DM 6,80**
Knobeleien und Denksport. (2019) Von Klas Rechberger, 142 Seiten mit vielen Zeichnungen, kartoniert, **DM 7,80**
Rate mal. Scherzfragen, Ratespiele und -geschichten. (2023) Von Felicitas Buttig, 112 Seiten, 19 Zeichnungen, kartoniert, **DM 9,80**
Scherzfragen, Drudeln und Blödeleien gesammelt von Kindern. (0506) Herausgegeben von Waltraud Pröve, 112 Seiten, 57 Zeichnungen, kartoniert, **DM 5,80**

* Neuerscheinung. Preise waren bei Druckbeginn noch nicht endgültig festgelegt.

Humor

Die besten Witze und Cartoons des Jahres. (0454) Herausgegeben von Karl Hartmann, 288 Seiten, 125 Zeichnungen, gebunden, mit Schutzumschlag, **DM 12,80**
Die besten Witze und Cartoons des Jahres. 2 (0488) Von Karl Hartmann, 288 S., mit zahlr. Zeichnungen, gbd. mit vierfarb. Schutzumschl., **DM 9,80**
Die besten Ärztewitze. (0399) zusammengestellt von Britta Zorn, 272 Seiten mit 42 Karikaturen von Ulrich Fleischhauer, mit vierfarbigem Schutzumschlag, gebunden, **DM 14,80**
Das große Buch der Witze. (0384) 320 Seiten, 36 Zeichnungen von E. Holz, vierfarbiger Schutzumschlag, gebunden, **DM 12,80**
Olympische Witze. Sportlerwitze in Wort und Bild. (0505) Von Wolfgang Willnat, 112 Seiten, 126 Zeichnungen, kartoniert, **DM 5,80**
Die besten Ostfriesenwitze. (0495) Herausgegeben von Onno Freese, 112 Seiten, 17 Zeichnungen, kartoniert, **DM 5,80**
Ostfriesen Allerlei. (0381) Von Timm Bruhns, 104 Seiten, Taschenbuchformat, kartoniert, **DM 4,80**
Fred Metzlers Witze mit Pfiff. (0368) 120 Seiten, Taschenbuchformat, kartoniert, **DM 5,80**
O frivol ist mir am Abend. Pikante Witze von Fred Metzler (0388) Von Fred Metzler, 128 Seiten mit Karikaturen (Taschenbuchformat) kartoniert, **DM 5,80**
Lachen, Witz und gute Laune. (0149) Von E. Müller, 104 Seiten, 44 Abbildungen, kartoniert, **DM 6,80**
Vergnügliches Vortragsbuch. (0091) Von J. Plaut, dem Altmeister des Humors, 192 Seiten, kartoniert, **DM 7,80**
Humor und Stimmung. Ein heiteres Vortragsbuch. (0460) Von Günter Wagner, 112 Seiten, kartoniert, **DM 6,80**
Witze am laufenden Band. (0461) Von Fips Asmussen, 117 Seiten, kartoniert, **DM 5,80**
Lach mit! Witze für Kinder, gesammelt von Kindern. (0468) Herausgegeben von Waltraud Pröve, 128 Seiten, mit Abbildungen, kartoniert, **DM 5,80**
Die besten Tierwitze. (0496) Herausgegeben von Peter Hartlaub und Silvia Pappe, 112 Seiten, 25 Zeichnungen, kartoniert, **DM 5,80**
Witzig, witzig. (0507) Von Erich Müller, 112 Seiten, Zeichnungen, kartoniert, **DM 5,80**
Kritik des Herzens – Gedichte. (3032) Von Wilhelm Busch, 100 Seiten, gebunden, **DM 9,80**
Wilhelm-Busch-Album. Jubiläumsausgabe mit 1700 farbigen Bildern. (3028) 408 Seiten, 1700 durchgehend farbige Bilder, Großformat, in Leinen gebunden, **DM 36,–**
Humoristischer Hausschatz. (3062) Von Wilhelm Busch, 368 Seiten, 1600 Abbildungen, Großformat, gebunden, **DM 19,80**
Robert Lembkes Witzauslese. (0325) Erzählt von Robert Lembke, 160 Seiten, mit 10 Zeichnungen von E. Köhler, gebunden, mit vierfarbigem Schutzumschlag, **DM 14,80**
Lustige Vorträge für fröhliche Feiern, Sketsche, Vorträge und Conferencen für Karneval und fröhliche Feste. (0284) Von K. Lehnhoff, 96 Seiten, kartoniert, **DM 6,80**
Tolle Sachen zum Schmunzeln und Lachen. (0163) Von E. Müller, 92 Seiten, kartoniert, **DM 6,80**
Humor für jedes Ohr. (0157) Von H. Ehnle, 96 Seiten, kartoniert, **DM 6,80**
Fidelitas und Trallala. (0120) Von Dr. Allos, 104 Seiten, viele Abbildungen, kartoniert, **DM 6,80**
Non Stop Nonsens. Sketche und Witze mit Spielanleitungen. (0511) Von Dieter Hallervorden, 160 Seiten, gebunden, mit Schutzumschlag, **DM 14,80**

Sketche. (0247) Von Margarete Gering, 132 Seiten, 16 Abbildungen, kartoniert, **DM 6,80**
Vergnügliche Sketche (0476) Von Horst Pillau, 96 S., mit lustigen Zeichnungen, kartoniert, **DM 6,80**
Sketche und spielbare Witze für bunte Abende und andere Feste. (0445) Von Hartmut Friedrich, 120 Seiten, 7 Zeichnungen, kartoniert, **DM 6,80**
Narren in der Bütt. (0216) Zusammengestellt von Th. Lücker, 112 Seiten, kartoniert, **DM 5,80**
Helau + Alaaf. Närrisches aus der Bütt. (0304) Von Erich Müller, 112 Seiten, kartoniert, **DM 6,80**
Helau + Alaaf 2. Neue Büttenreden (0477) Von Edmund Luft, 104 S., kartoniert, **DM 7,80**
Rings um den Karneval. Karnevalsscherze und Büttenreden. (0130) von Dr. Allos, 136 Seiten, kartoniert, **DM 6,80**
Die große Lachparade. (0188) Von E. Müller, 108 Seiten, kartoniert, **DM 6,80**
Damen in der Bütt. Scherze, Büttenreden, Sketsche (0354) Von Traudi Müller, 136 Seiten, kartoniert, **DM 6,80**

* Neuerscheinung. Preise waren bei Druckbeginn noch nicht endgültig festgelegt.

Spielen

Kartenspiele. (2001) Von Claus D. Grupp, 144 Seiten, kartoniert, **DM 7,80**
Neues Buch der Kartenspiele. (0095) Von K. Lichtwitz, 96 Seiten, kartoniert, **DM 5,80**
Spielen mit Rudi Carrell. 113 Spiele für Party und Familie (2014) Von Rudi Carrell, 160 Seiten mit 50 Abbildungen, gebunden, **DM 14,80**
Spieltechnik im Bridge. (2004) Von Victor Mollo/Nico Gardener, deutsche Adaption von Dirk Schröder, 216 Seiten, kartoniert, **DM 16,80**
Spielend Bridge lernen. (2012) Von Josef Weiss, 108 Seiten, kartoniert, **DM 7,80**
Besser Bridge spielen. Reiztechnik, Spielverlauf und Gegenspiel. (2026) Von Josef Weiss, 143 Seiten, mit vielen Diagrammen, kartoniert, **DM 14,80**
Das Skatspiel. (0206) Von K. Lehnhoff, bearbeitet von Alt-Skatmeister P. A. Höfges, 96 Seiten, kartoniert, **DM 5,80**
Alles über Skat (2005) Von Günter Kirschbach, 144 Seiten, kartoniert, **DM 7,80**
Rommé und Canasta in allen Variationen. (2025) Von Claus D. Grupp, 124 Seiten, 24 Zeichnungen, kartoniert, **DM 7,80**
Patiencen in Wort und Bild. (2003) Von Irmgard Wolter, 136 Seiten, kartoniert, **DM 7,80**
Schafkopf, Doppelkopf, Binokel, Cego, Gaigel, Jaß, Tarock und andere. (2015) Von Claus D. Grupp, 152 Seiten, kartoniert, **DM 8,80**
Backgammon für Anfänger und Könner. (2008) Von G. W. Fink und G. Fuchs, 116 Seiten, 41 Zeichnungen, kartoniert, **DM 9,80**
Dame. Das Brettspiel in allen Variationen (2028) Von Claus D. Grupp, 104 S., mit Diagrammen, kartoniert, **DM 9,80**
Gesellschaftsspiele für drinnen und draußen. (2006) Von Heinz Görz, 128 Seiten, kartoniert, **DM 6,80**
Würfelspiele. (2007) Von Friedrich Pruss, 112 Seiten, kartoniert, **DM 7,80**
Mini-Spiele für unterwegs und überall. (2016) Von Irmgard Wolter, 152 Seiten, kartoniert, **DM 9,80**
Spiele für Theke und Stammtisch. (2021) Von Claus D. Grupp, 104 Seiten, 27 Zeichnungen, kartoniert, **DM 6,80**
Kartentricks. (2010) Von T. A. Rosee, 80 Seiten, 13 Zeichnungen, kartoniert, **DM 5,80**

Neue Kartentricks (2027) Von Klaus Pankow, ca. 112 S., mit 20 Abbildungen, kart., **DM 6,80**
Zaubern. einfach – aber verblüffend (2018) Von Dieter Bouch, 84 Seiten mit Zeichnungen, kartoniert, **DM 5,80**
Zaubertricks. Das große Buch der Magie. (0282) Von Jochen Zmeck, 244 Seiten, 113 Abbildungen, kartoniert, **DM 14,80**
Falken-Handbuch Zaubern. Über 400 verblüffende Tricks. (4063) Von Friedrich Stutz, 368 S., über 1200 Zeichnungen, gebunden, mit vierfarbigem Schutzumschlag, **DM 29,80**
Roulette richtig gespielt. (0121) Von M. Jung, 96 Seiten, zahlreiche Tabellen, kartoniert, **DM 6,80**
Glücksspiele mit Kugeln, Würfeln und Karten. (2013) Von Claus D. Grupp, 116 Seiten, kartoniert, **DM 7,80**
Das japanische Brettspiel GO. (2020) Von Winfried Dörholt, 104 Seiten, 182 Diagramme, kartoniert, **DM 9,80**
Das Schachspiel. (0104) Von W. Wollenschläger, 72 Seiten, 65 Diagramme, kartoniert, **DM 5,80**
Neue Schacheröffnungen (0478) Von Theodor Schuster, 108 S., mit 100 Diagrammen, kartoniert, ca. **DM 8,80**
Schach für Fortgeschrittene. Taktik und Probleme des Schachspiels. (0219) Von R. Teschner, 96 Seiten, 85 Schachdiagramme, kartoniert, **DM 5,80**
Spielend Schach lernen. (2002) Von Theo Schuster, 128 Seiten, kartoniert, **DM 6,80**
Schach dem Weltmeister Karpow. (0433) Von Theodor Schuster, 136 Seiten, 19 Abbildungen und 83 Diagramme, kartoniert, **DM 12,80**
Schach. Das Handbuch für Anfänger und Könner (4051). Von Theo Schuster, 360 Seiten mit über 340 Diagrammen, gbd., mit Schutzumschlag, **DM 26,–**
Alles über Pokern. Regeln und Tricks. (2024) Von Claus D. Grupp, 120 Seiten, 29 Kartenbilder, kartoniert, **DM 6,80**
Wir spielen. Hunderte Spiele für einen und viele (4034) Von Heinz Görz, 430 Seiten mit 370 farbigen Zeichnungen, gbd., **DM 26,–**

* Neuerscheinung. Preise waren bei Druckbeginn noch nicht endgültig festgelegt.

Kinderbeschäftigung

Zeitgemäße Beschäftigung mit Kindern. (4025) Von Ingeborg Rathmann, 496 Seiten, 450 Abbildungen, 16 Farbtafeln, **DM 36,–**
Kinderfeste daheim und in Gruppen. (4033) Von Gerda Blecher, 240 Seiten, 320 Abbildungen, Balacroneinband, gbd., **DM 24,80**
Das bunte Rätselbuch für Kinder. (4065) Von Felicitas Buttig, 120 S., durchgehend vierfarb., mit über 100 Zeichnungen, Pbd., **DM 19,80**
Das farbige Kinderlexikon von A–Z. (4059) Herausgegeben von Felicitas Buttig, 392 Seiten, 386 farbige Abbildungen, Pappband, **DM 29,80**
Spiele für Kleinkinder. (2011) Von Dieter Kellermann, 80 Seiten, kartoniert, **DM 5,80**
Kinderspiele, die Spaß machen. (2009) Von Helen Müller-Stein, 112 Seiten, 28 Abbildungen, kartoniert, **DM 6,80**
Kindergeburtstag. Einladung – Vorbereitung – Ablauf. Mit vielen Spiel- und Beschäftigungsvorschlägen. (0287) Von Dr. Ilse Obrig, 104 Seiten, 40 Abbildungen, 11 Zeichnungen, 9 Lieder mit Noten, kartoniert, **DM 5,80**
Tipps und Tapps. Maschinenschreib-Fibel für Kinder. (0274) Von H. Kaus, 48 Seiten, farbige Abbildungen, kartoniert, **DM 4,80**
Lirum, Larum, Löffelstiel. Ein Kinder-Kochkurs. (5007) Von Ingeborg Becker, 64 Seiten mit Abbildungen, durchgehend vierfarbig, Spiralheftung, **DM 9,80**
Kinder lernen spielend kochen. (5096) Von Margrit Gutta, 64 Seiten, 45 Farbfotos, Pappband, **DM 9,80**
Zeichnen lernen mit OSKAR. Kleines Tier-ABC von Affe–Zebra. (5054) Von OSKAR, 64 Seiten, 60 Abbildungen, durchgehend zweifarbig, kartoniert, **DM 5,80**

* Neuerscheinung. Preise waren bei Druckbeginn noch nicht endgültig festgelegt.

Rat & Wissen für die ganze Familie

Wie soll es heißen? (0211) Von Dr. Köhr, 88 Seiten, kartoniert, **DM 5,80**
Vorbereitung auf die Geburt. Schwangerschaftsgymnastik, Atmung, Rückbildungsgymnastik. (0251) Von Sabine Buchholz, 112 Seiten, 98 Fotos, kartoniert, **DM 6,80**
Wenn Sie ein Kind bekommen. (4003) Von Ursula Klamroth, 240 Seiten, 86 Fotos und 30 Zeichnungen, gebunden, mit vierfarbigem Schutzumschlag, **DM 19,80**
Sexualberatung. (0402) Von Dr. Marianne Röhl, 168 Seiten, 8 Farbtafeln und 17 Zeichnungen, Pappband, **DM 19,80**
Scheidung und Unterhalt nach dem neuen Eherecht. (0403) Von Rechtsanwalt H. T. Drewes, 104 Seiten mit Kosten- und Unterhaltstabellen, kartoniert, **DM 7,80**
Erbrecht und Testament. Mit Erbschaftssteuergesetz 1974. (0046) Von Dr. jur. H. Wandrey, 112 Seiten, kartoniert, **DM 6,80**

Der Rechtsberater im Haus. (4048) Von Karl-Heinz Hofmeister, 528 Seiten, gebunden, mit farbigem Schutzumschlag, **DM 39,–**
Mietrecht. Leitfaden für den Mieter und Vermieter (0479) Von Johannes Beuthner, 196 S., kartoniert, **DM 12,80 DM**
Haus oder Eigentumswohnung. Planung · Finanzierung · Bauablauf. (4070) Von Rainer Wolff, ca. 352 Seiten, viele Abbildungen und Skizzen, gebunden, mit Schutzumschlag, ca. **DM 29,80***
Straßenverkehrsrecht. Beispiele · Urteile · Erläuterungen. (0498) Von Johannes Beuthner, ca. 192 Seiten, kartoniert, ca. **DM 12,80***
Advent und Weihnachten. Basteln – Backen – Schmücken – Feiern (4067) Von Margrit Gutta, Hanne Hangleiter, Felicitas Buttig, Ingeborg Rathmann, Gabriele Vocke, 152 S., 15 Farbtafeln, zahlreiche Abb. und Zeichnungen, kart., **DM 9,80**
Mitmenschen-Kompass. Der richtige Weg, sich und andere zu verstehen. (4078) Von Heidelore Kluge, 160 Seiten, gebunden, mit Schutzumschlag, **DM 16,80**
Umgangsformen heute. Die Empfehlungen des Fachausschusses für Umgangsformen. (4015) 312 Seiten, 167 Fotos und 44 Abbildungen, gebunden mit vierfarbigem Schutzumschlag, **DM 24,–**
Von der Verlobung zur Goldenen Hochzeit. Vorbereitung · Festgestaltung Glückwünsche (0393) Von Elisabeth Ruge, 120 Seiten, kartoniert, **DM 6,80**
So deutet man Träume. Die Bildersprache des Unbewußten. (0444) Von Georg Haddenbach, 160 Seiten, Pappband, **DM 9,80**
Die neue Lebenshilfe Biorhythmik. Höhen und Tiefen der persönlichen Lebenskurven vorausberechnen und danach handeln. (0458) Von Walter A. Appel, 157 Seiten, 63 Zeichnungen, Pappband, **DM 9,80**
Selbst Wahrsagen mit Karten. Die Zukunft in Liebe, Beruf und Finanzen. (0404) Von Rhea Koch, 112 Seiten mit vielen Abbildungen, Pappband, **DM 9,80**
Wahrsagen mit Tarot-Karten (0482) Von Edwin J. Nigg, ca. 112 S., mit Farbtafeln und Karten, Pappband, **DM 12,80**
Die 12 Sternzeichen. Charakter, Liebe und Schicksal (0385) Von Georg Haddenbach, 160 Seiten, Pbd., **DM 9,80**
Die 12 Tierzeichen im chinesischen Horoskop. (0423) Von Georg Haddenbach, 112 Seiten, kartoniert, **DM 9,80**
Das Super-Horoskop. Der neue Weg zur Deutung von Charakter, Liebe und Schicksal nach chinesischer und abendländischer Astrologie. Ein Leitfaden für alle, die mehr über sich und ihre Mitmenschen wissen wollen. (0465) Von Georg Haddenbach, 175 Seiten, kartoniert, **DM 9,80**
Astrologie. Charakterkunde – Schicksal, Liebe und Beruf – Berechnung und Deutung von Horoskopen – Aszendenttabelle. Von B. A. Mertz, mit einem Geleitwort von Hildegard Knef, (4068) 342 S., mit erläuternden Grafiken, gbd., mit vierfarb. Schutzumschl., **DM 28,–**

* Neuerscheinung. Preise waren bei Druckbeginn noch nicht endgültig festgelegt.

Falls durch besondere Umstände Preisänderungen notwendig werden, erfolgt Auftragserledigung zu dem bei der Lieferung gültigen Preis.

Bestellschein FALKEN VERLAG

Erfüllungsort und Gerichtsstand für Vollkaufleute ist der jeweilige Sitz der Lieferfirma. Für alle übrigen Kunden gilt dieser Gerichtsstand für das Mahnverfahren.
Ich bestelle hiermit aus dem Falken Verlag GmbH, Postfach 1120, D-6272 Niedernhausen/Ts., durch die Buchhandlung:

_____ Ex. _____

_____ Ex. _____

_____ Ex. _____

_____ Ex. _____

Name:

Straße: Ort:

Datum: Unterschrift: